Planificações de poliedros - Livro de projetos

2ª Edição

Uma introdução prática à geometria tridimensional usando planificações de poliedros com instruções.

por David E. McAdams
http://www.demcadams.com

Direitos autorais © 2025 por David E. McAdams. Todos os direitos reservados. Nenhuma parte desta publicação pode ser reproduzida, armazenada em sistema de recuperação ou transmitida por qualquer forma ou meio sem o consentimento expresso e por escrito do titular dos direitos autorais, exceto por breves citações incluídas em artigos ou resenhas críticas.

Permissão limitada para cópia para uso educacional.
É concedida permissão para que páginas individuais deste livro sejam copiadas exclusivamente para uso educacional incidental e não comercial, conforme a regra de um livro: Um exemplar deve ser adquirido para cada professor cujos alunos utilizarão este material. Para famílias que praticam ensino domiciliar (homeschooling), deve-se adquirir um exemplar por responsável que ensine um grupo de crianças.

Créditos de Imagem

Todas as planificações geométricas são de autoria de David E. McAdams.

Todas as ilustrações são de David E. McAdams, exceto quando indicado de outra forma abaixo:

- Cone – LucasVB. Colocado em domínio público pelo artista.
- Cuboctaedro – Svdmolen. Colocado em domínio público pelo artista.
- Dodecaedro com Cúspides – Tom Ruen. Colocado em domínio público pelo artista.
- Cuboctaedro Truncado – Svmolen. Colocado em domínio público pelo artista.
- Dodecaedro Truncado – Harkonnen2. Colocado em domínio público pelo artista.
- Icosaedro Truncado – Svmolen. Colocado em domínio público pelo artista.

Outros livros de David E. McAdams

Cores dos Papagaios – Introduz o conceito de cores usando belas imagens de papagaios. Indicado para crianças de 0 a 6 anos.

Cores das Flores – Introduz o conceito de cores usando belas imagens de flores. Indicado para crianças de 0 a 6 anos.

Cores do Cosmos – Introduz o conceito de cores usando imagens da NASA. Indicado para crianças de 0 a 6 anos.

Números – Um livro amigável para iniciantes que introduz o conceito de números. Recomendado para crianças de 5 a 7 anos.

Formas – Uma introdução lúdica às formas geométricas. Indicado para crianças de 3 a 8 anos.

Meus Fractais Favoritos (Volumes 1 e 2) – Um deleite visual com imagens fractais em alta resolução, encantador para todas as idades.

Índice

Antiprisma Triangular Bialongado..3
Cone..5
Cubo..7
Cuboctaedro...9
Cilindro...11
Antiprisma Decagonal..13
Prisma Decagonal...15
Icositetraedro Deltoidal..17
Dado..19
Dodecaedro Disdiakis..21
Dodecaedro Regular..23
Cúpula Pentagonal Alongada...25
Bipirâmide Pentagonal Alongada..27
Pirâmide Pentagonal Alongada..29
Bipirâmide Quadrada Alongada..31
Pirâmide Quadrada Alongada..33
Antiprisma Triangular Alongado...35
Cúpula Triangular Alongada..37
Bipirâmide Triangular Alongada...39
Pirâmide Triangular Alongada...41
Tronco de Pirâmide Decagonal..43
Tronco de Pirâmide Quadrilateral..45
Tronco de Pirâmide Triangular..47
Grande Dodecaedro...49
Grande Dodecaedro Estrelado...51
Pirâmide Pentagonal Giroalongada...55
Bipirâmide Quadrada Giroalongada...57
Prisma Quadrado Giroalongado..59
Pirâmide Quadrada Giroalongada...61
Pirâmide Heptagonal...63
Heptaedro 4,4,4,3,3,3,3..65
Heptaedro 5,5,5,4,4,4,3..67
Heptaedro 6,6,4,4,4,3,3..69
Prisma Hexagonal..71
Pirâmide Hexagonal..73
Hexaedro 4,4,4,4,3,3...75
Hexaedro 5,4,4,3,3,3...77
Hexaedro 5,5,4,4,3,3...79
Icosaedro Regular..81
Icosidodecaedro..83
Pirâmide Quadrada Oblíqua..85
Antiprisma Octogonal...87
Octaedro Regular...89
Antiprisma Pentagonal..91

Cúpula Pentagonal	93
Bipirâmide Pentagonal	95
Prisma Pentagonal	97
Pirâmide Pentagonal	99
Rotunda Pentagonal	101
Prisma Pentagramado	103
Pirâmide Retangular	105
Prisma Rómbico	107
Rombicuboctaedro	109
Pequeno Rombidodecaedro	111
Pequeno Dodecaedro Estrelado	115
Cubo Snub	119
Dodecaedro Snub	123
Antiprisma Quadrado	127
Cúpula Quadrada	129
Pirâmide Quadrada	131
Trapezoedro Quadrado	133
Octaedro Estrelado	135
Tetraedro Regular	137
Hexaedro Tetrakis	139
Octaedro Triakis	141
Tetraedro Triakis	143
Cúpula Triangular	145
Bipirâmide Triangular	147
Pentaedro Triangular	149
Prisma Triangular	151
Pirâmide Triangular Oblíqua	153
Cubo Truncado	155
Cuboctaedro Truncado	157
Dodecaedro Truncado	159
Icosaedro Truncado	163
Icosidodecaedro Truncado	169
Octaedro Truncado	175
Tetraedro Truncado	177
Pirâmide Estrela Pentagonal Reta	179
Trapezoedro Quadrado Truncado	181

Começando
O que é uma planificação de poliedro?
Uma planificação de poliedro é um desenho plano que pode ser dobrado para formar uma figura tridimensional. Por exemplo, seis quadrados idênticos podem ser transformados em um cubo. Isso acontece porque um cubo tem seis faces, todas elas quadrados iguais. Cada um dos desenhos neste livro pode ser dobrado para criar um objeto geométrico tridimensional.

A maioria das planificações de poliedros forma sólidos com faces planas. Há algumas exceções. Um cilindro pode ser feito com um retângulo e dois círculos. Um cone pode ser feito com um círculo e um triângulo com base curva.

O que significam todas as palavras nos nomes?
A maioria das palavras usadas nos nomes das formas tridimensionais foi criada pelos gregos há mais de dois mil anos. Os matemáticos gregos combinavam palavras para nomear as formas. Algumas dessas palavras indicam números. Por exemplo, "Tetra" significa "quatro". Algumas palavras usadas são:

- **antiprismo** – um sólido com polígonos nas bases e triângulos idênticos alternados nas laterais.
- **cantilado** – com cortes nas arestas e nos vértices.
- **cúpula** – com uma "cúpula" feita de quadrados alternados e triângulos equiláteros, encimada por um polígono com metade do número de lados da base.
- **decá-** – dez.
- **decágono** – um polígono plano com dez lados.
- **deltoide** – objeto em forma de pipa com quatro lados.
- **deltoidal** – feito de faces em forma de pipa.
- **bipirâmide** – sólido formado ao colar a base de duas pirâmides idênticas uma na outra.
- **alongado** – sólido que começa com outra forma e recebe retângulos para torná-lo mais comprido.
- **frustrado** – uma pirâmide ou cone com o topo cortado.
- **giroalongado** – alongado por adição de um antiprisma à base.
- **-edro** – um sólido com faces planas.
- **icosi- / icosa-** – com vinte lados.
- **oblíquo** – sem ângulo reto.
- **octa-** – oito.
- **prisma** – sólido com polígonos nas bases e retângulos idênticos nas laterais.
- **pirâmide** – sólido com uma base poligonal e faces triangulares que se encontram num ponto.
- **regular** – com faces feitas de polígonos regulares idênticos.

- **rombóide / rómbico** – contendo losangos em uma ou mais faces.
- **losango** – figura plana com quatro lados que não são perpendiculares.
- **reto** – uma linha que liga o centro da base ao topo é perpendicular à base; ou uma linha do centro da base ao vértice (ponto) é perpendicular à base.
- **snub** – figura modificada a partir de outra através de três passos: retificação, truncamento e alternância.
- **stella-** – estrela.
- **estrelado** – com as faces substituídas por pirâmides com a face como base.
- **tetra-** – quatro.
- **triangular** – baseado em um triângulo.
- **truncado** – cortado.

É difícil montar um sólido a partir de uma planificação de poliedro?
Alguns são fáceis, outros são difíceis. Basicamente, quanto mais lados tiver o sólido, mais difícil será construí-lo a partir da planificação. Comece com os mais fáceis e avance para os mais desafiadores.

Como posso construir um modelo sólido a partir de uma planificação de poliedro?
Comece fazendo uma cópia da página que contém a planificação de poliedro. Se quiser decorar sua planificação desenhando ou colorindo, faça isso antes de recortá-la.

Depois, use uma tesoura para recortar cuidadosamente ao longo das linhas contínuas. Às vezes, duas faces adjacentes compartilham uma linha que também deve ser cortada — essa linha será sólida (contínua).

Após recortar a forma, comece a dobrar nas linhas pontilhadas. Use pequenos pedaços de fita adesiva transparente para unir as bordas. Quando todas as bordas estiverem coladas, sua forma estará pronta.

Antiprisma Triangular Bialongado

1. Recorte ao longo das linhas contínuas.
2. Dobre nas linhas pontilhadas.
3. Dobre para trás nas linhas tracejadas.
4. Use fita adesiva transparente para fixar.

Se quiser desenhar ou colorir a planificação, faça isso antes de colá-la. Se quiser decorá-la colando enfeites, monte-a com fita primeiro.

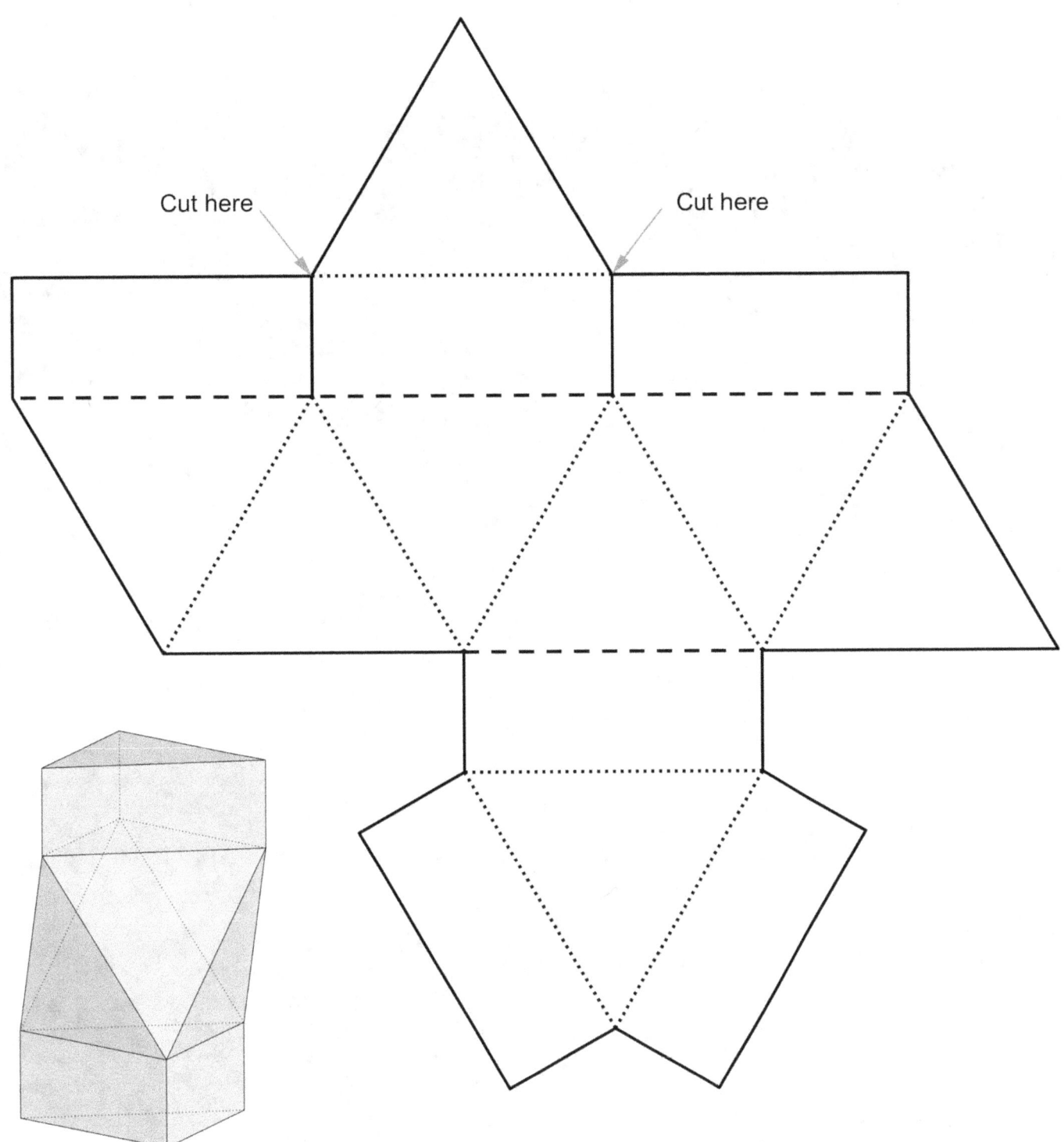

Planificações de poliedros - Livro de projetos por David E. McAdams
Direitos autorais 2025. Pode ser copiado apenas para uso educacional incidental e não comercial.

Cone

1. Recorte ao longo das linhas contínuas. Tente não separar as duas partes.
2. Use fita adesiva transparente para fixar.

Se quiser desenhar ou colorir a planificação, faça isso antes de colá-la. Se quiser decorá-la colando enfeites, faça isso depois de montar com a fita.

Cubo

1. Recorte ao longo das linhas contínuas.
2. Dobre nas linhas pontilhadas.
3. Use fita adesiva transparente para fixar.

Se quiser desenhar ou colorir a planificação, faça isso antes de colá-la com fita. Se quiser decorá-la colando enfeites, monte-a com fita primeiro.

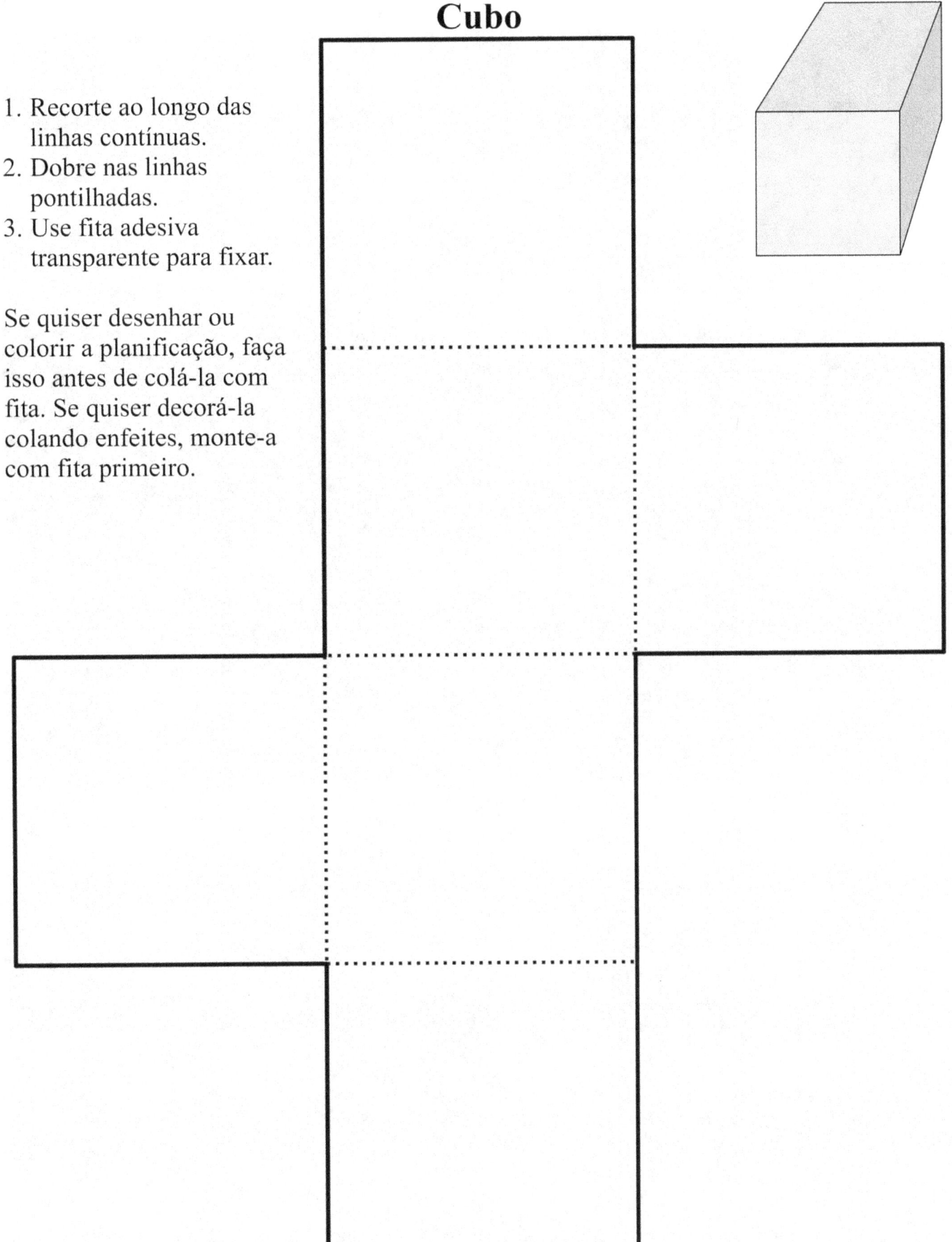

Planificações de poliedros - Livro de projetos por David E. McAdams

Cuboctaedro

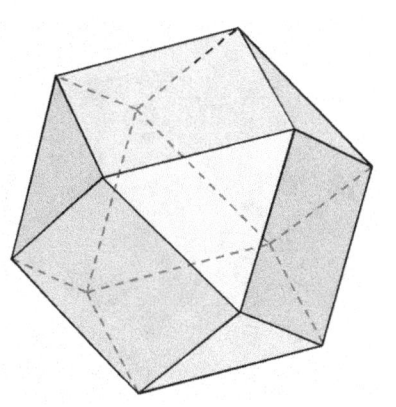

1. Recorte ao longo das linhas contínuas.
2. Dobre nas linhas pontilhadas.
3. Use fita adesiva transparente para fixar.

Se quiser desenhar ou colorir a planificação, faça isso antes de colá-la com fita. Se quiser decorá-la colando enfeites, monte-a com fita primeiro.

Cilindro

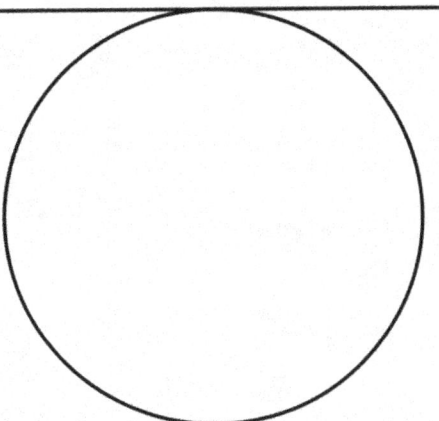

1. Recorte ao longo das linhas contínuas. Tente não separar os círculos do retângulo.
2. Enrole o retângulo formando um cilindro.
3. Dobre os círculos para baixo, ajustando-os ao cilindro.
4. Use fita adesiva transparente para fixar.

Se quiser desenhar ou colorir a planificação, faça isso antes de colá-la com fita. Se quiser decorá-la colando enfeites, monte-a com fita primeiro.

Antiprisma Decagonal

1. Recorte ao longo das linhas contínuas.
2. Dobre nas linhas pontilhadas.
3. Use fita adesiva transparente para fixar.

Se quiser desenhar ou colorir a planificação, faça isso antes de colá-la com fita. Se quiser decorá-la colando enfeites, monte-a com fita primeiro.

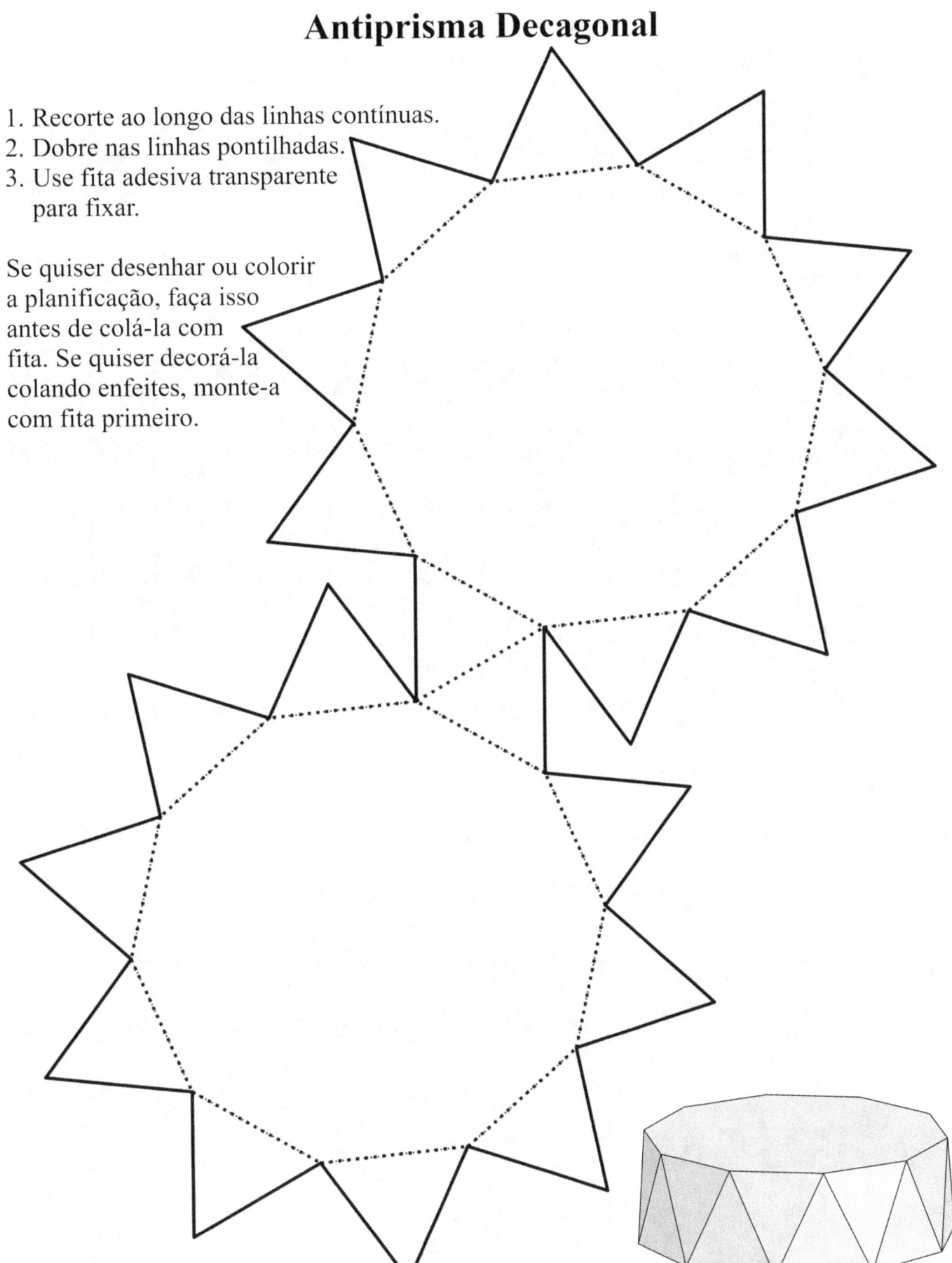

Planificações de poliedros - Livro de projetos por David E. McAdams

Prisma Decagonal

1. Recorte ao longo das linhas contínuas.
2. Dobre nas linhas pontilhadas.
3. Use fita adesiva transparente para fixar.

Se quiser desenhar ou colorir a planificação, faça isso antes de colá-la com fita. Se quiser decorá-la colando enfeites, monte-a com fita primeiro.

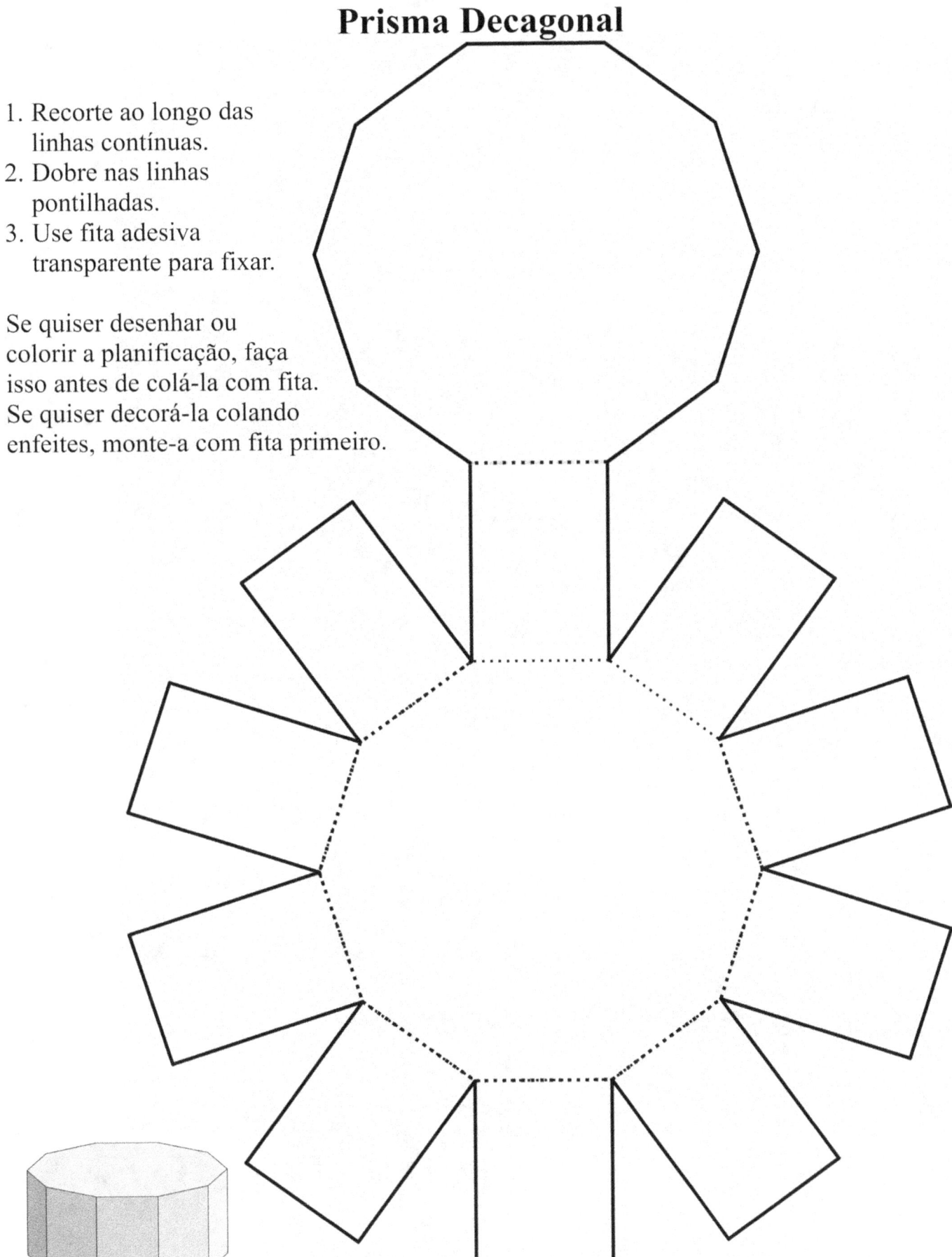

Icositetraedro Deltoidal

1. Recorte ao longo das linhas contínuas.
2. Dobre nas linhas pontilhadas.
3. Use fita adesiva transparente para fixar.

Se quiser desenhar ou colorir a planificação, faça isso antes de colá-la com fita. Se quiser decorá-la colando enfeites, monte-a com fita primeiro.

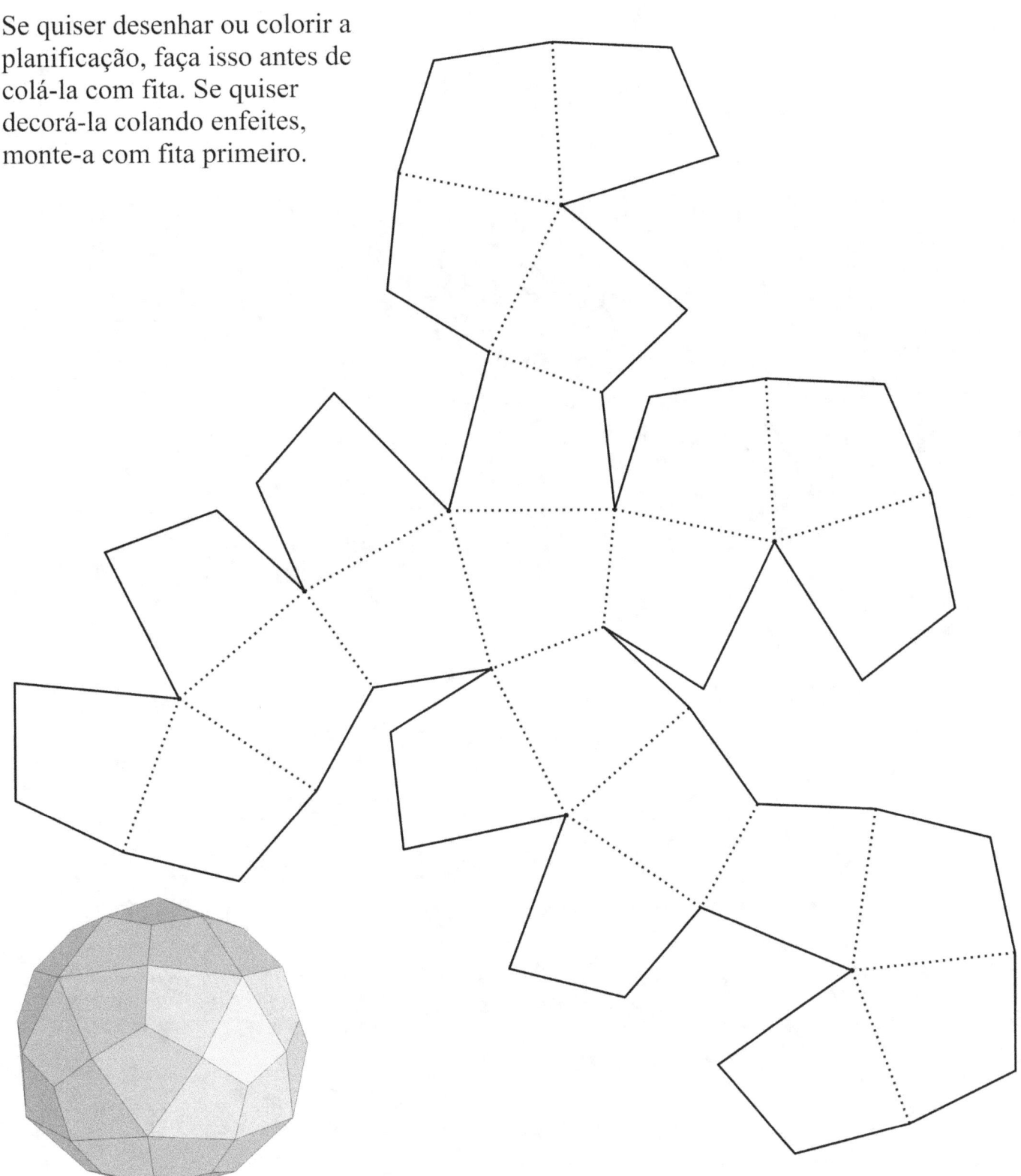

Planificações de poliedros - Livro de projetos por David E. McAdams
Direitos autorais 2025. Pode ser copiado apenas para uso educacional incidental e não comercial.

Dado

1. Recorte ao longo das linhas contínuas.
2. Dobre nas linhas pontilhadas.
3. Use fita adesiva transparente para fixar.

Se quiser desenhar ou colorir a planificação, faça isso antes de colá-la com fita. Se quiser decorá-la colando enfeites, monte-a com fita primeiro.

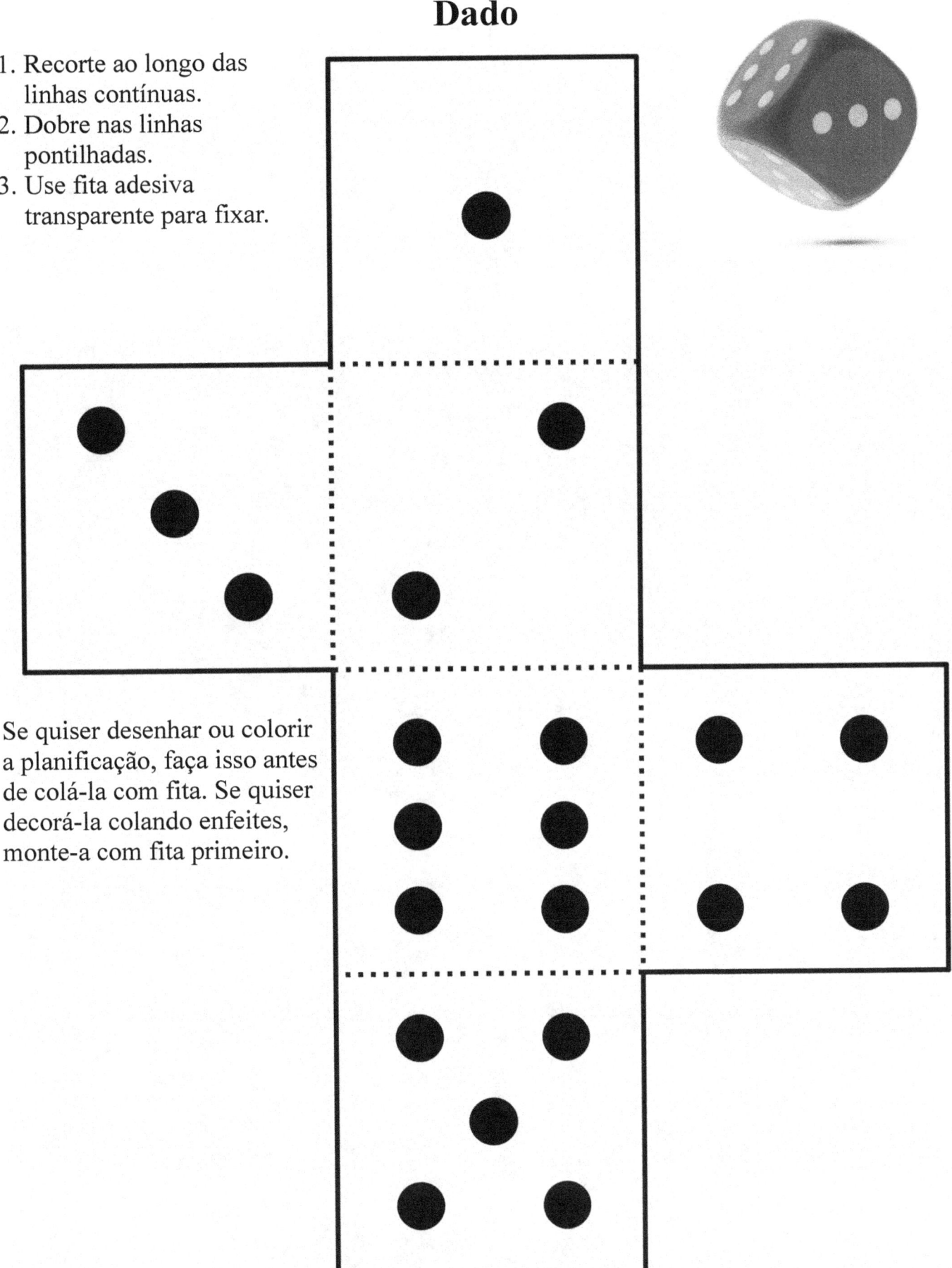

Planificações de poliedros - Livro de projetos por David E. McAdams
Direitos autorais 2025. Pode ser copiado apenas para uso educacional incidental e não comercial.

Dodecaedro Disdiakis

1. Recorte ao longo das linhas contínuas.
2. Dobre nas linhas pontilhadas.
3. Use fita adesiva transparente para fixar.

Se quiser desenhar ou colorir a planificação, faça isso antes de colá-la com fita. Se quiser decorá-la colando enfeites, monte-a com fita primeiro.

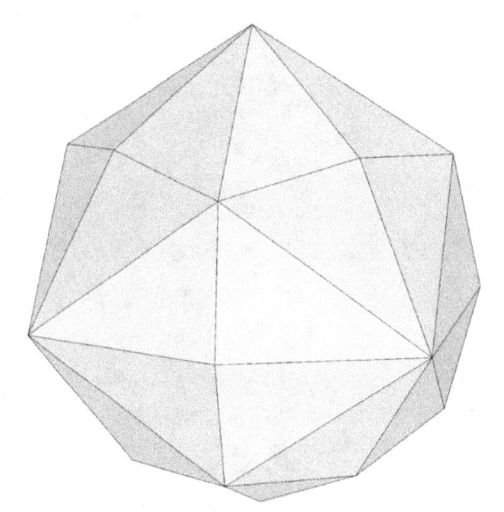

Planificações de poliedros - Livro de projetos por David E. McAdams
Direitos autorais 2025. Pode ser copiado apenas para uso educacional incidental e não comercial.

Dodecaedro Regular

1. Recorte ao longo das linhas contínuas.
2. Dobre nas linhas pontilhadas.
3. Use fita adesiva transparente para fixar.

Se quiser desenhar ou colorir a planificação, faça isso antes de colá-la com fita. Se quiser decorá-la colando enfeites, monte-a com fita primeiro.

Planificações de poliedros - Livro de projetos por David E. McAdams
Direitos autorais 2025. Pode ser copiado apenas para uso educacional incidental e não comercial.

Cúpula Pentagonal Alongada

1. Recorte ao longo das linhas contínuas.
2. Dobre nas linhas pontilhadas.
3. Use fita adesiva transparente para fixar.

Se quiser desenhar ou colorir a planificação, faça isso antes de colá-la com fita. Se quiser decorá-la colando enfeites, monte-a com fita primeiro.

Planificações de poliedros - Livro de projetos por David E. McAdams
Direitos autorais 2025. Pode ser copiado apenas para uso educacional incidental e não comercial.

Bipirâmide Pentagonal Alongada

1. Recorte ao longo das linhas contínuas.
2. Dobre nas linhas pontilhadas.
3. Use fita adesiva transparente para fixar.

Se quiser desenhar ou colorir a planificação, faça isso antes de colá-la com fita. Se quiser decorá-la colando enfeites, monte-a com fita primeiro.

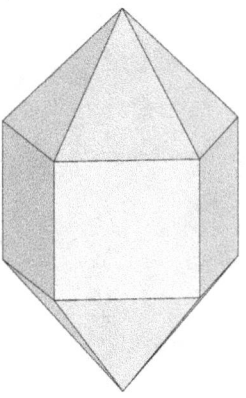

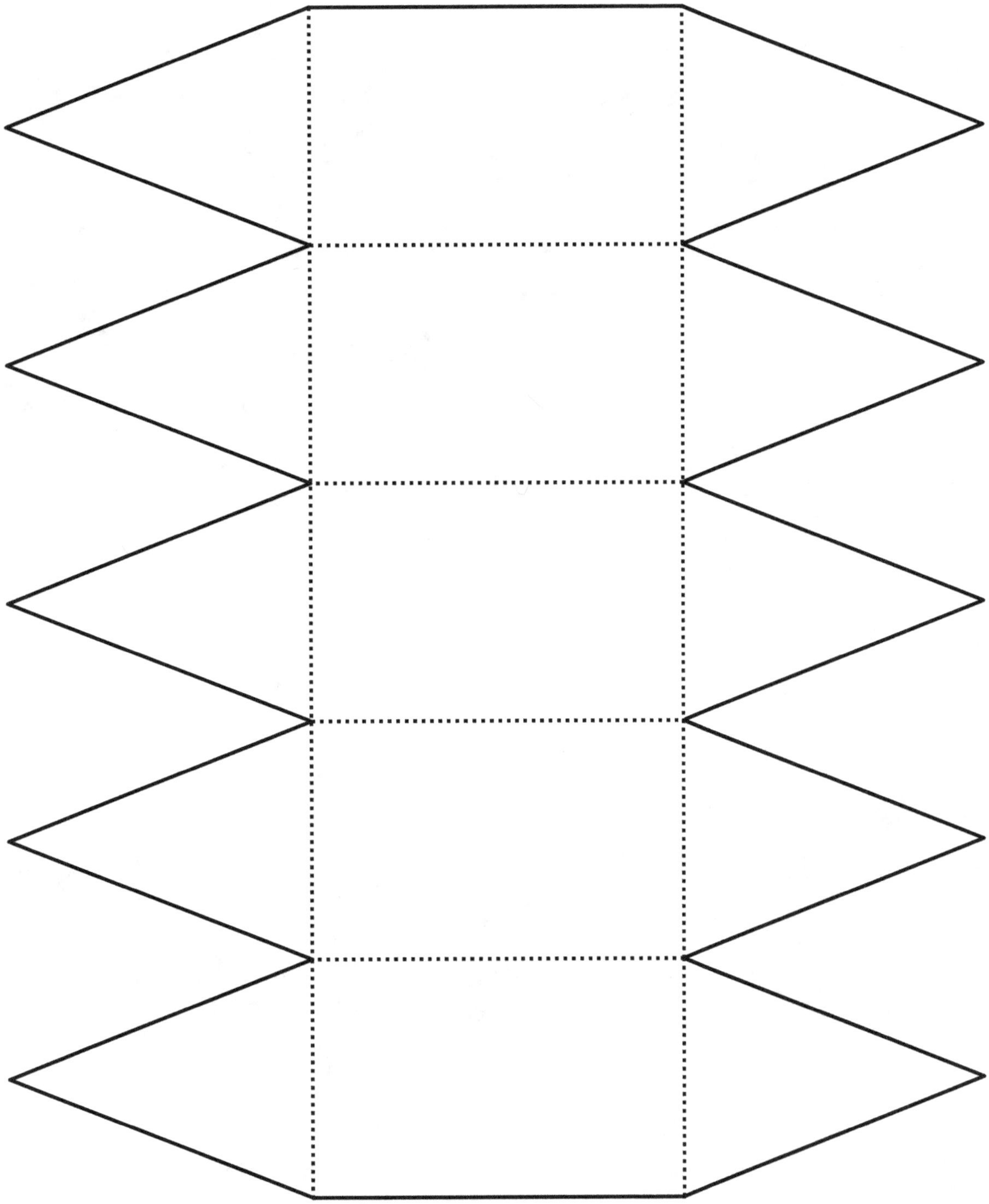

Pirâmide Pentagonal Alongada

1. Recorte ao longo das linhas contínuas.
2. Dobre nas linhas pontilhadas.
3. Use fita adesiva transparente para fixar.

Se quiser desenhar ou colorir a planificação, faça isso antes de colá-la com fita. Se quiser decorá-la colando enfeites, monte-a com fita primeiro.

Planificações de poliedros - Livro de projetos por David E. McAdams
Direitos autorais 2025. Pode ser copiado apenas para uso educacional incidental e não comercial.

Bipirâmide Quadrada Alongada

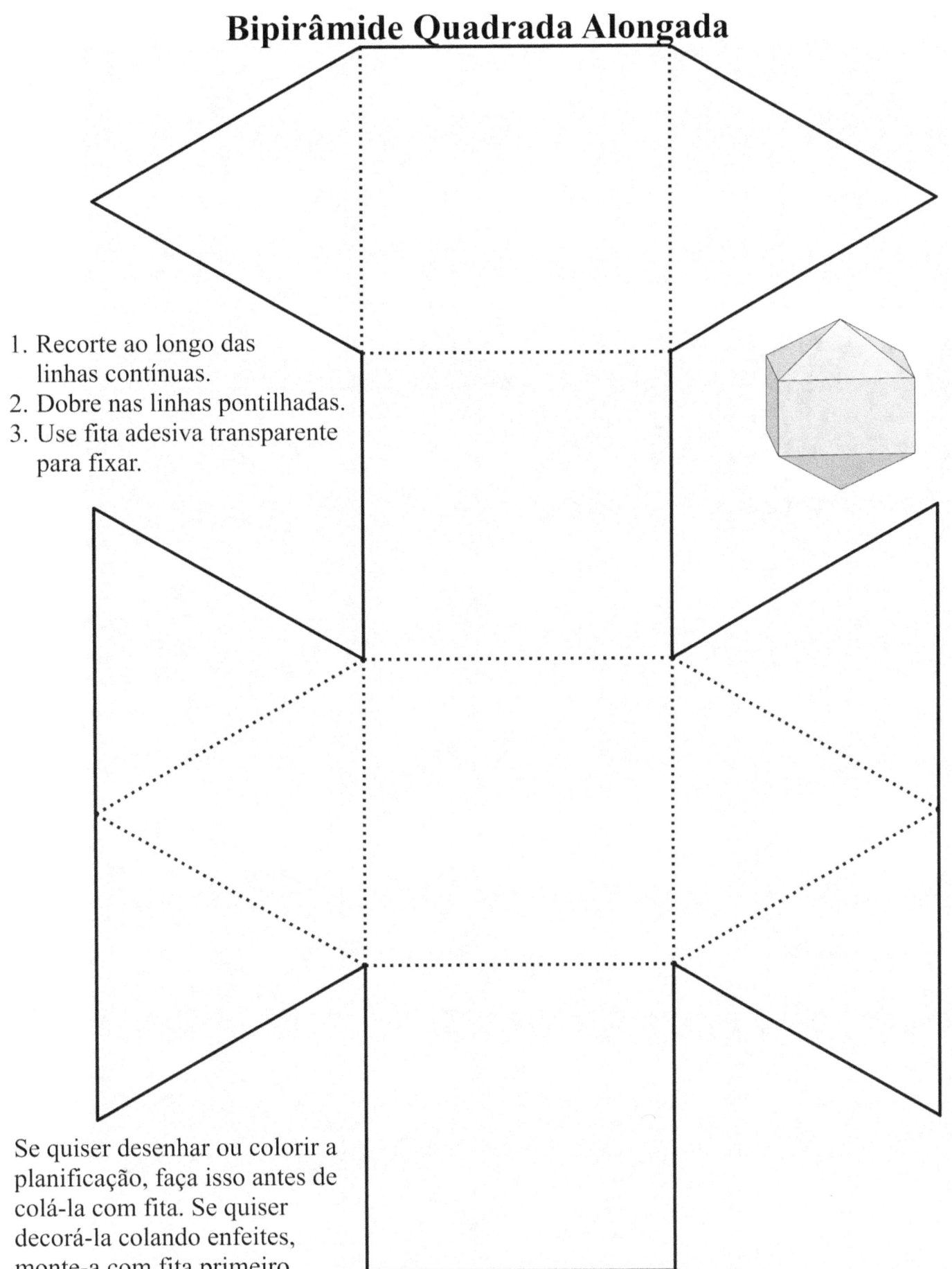

1. Recorte ao longo das linhas contínuas.
2. Dobre nas linhas pontilhadas.
3. Use fita adesiva transparente para fixar.

Se quiser desenhar ou colorir a planificação, faça isso antes de colá-la com fita. Se quiser decorá-la colando enfeites, monte-a com fita primeiro.

Planificações de poliedros - Livro de projetos por David E. McAdams
Direitos autorais 2025. Pode ser copiado apenas para uso educacional incidental e não comercial.

Pirâmide Quadrada Alongada

1. Recorte ao longo das linhas contínuas.
2. Dobre nas linhas pontilhadas.
3. Use fita adesiva transparente para fixar.

Se quiser desenhar ou colorir a planificação, faça isso antes de colá-la com fita. Se quiser decorá-la colando enfeites, monte-a com fita primeiro.

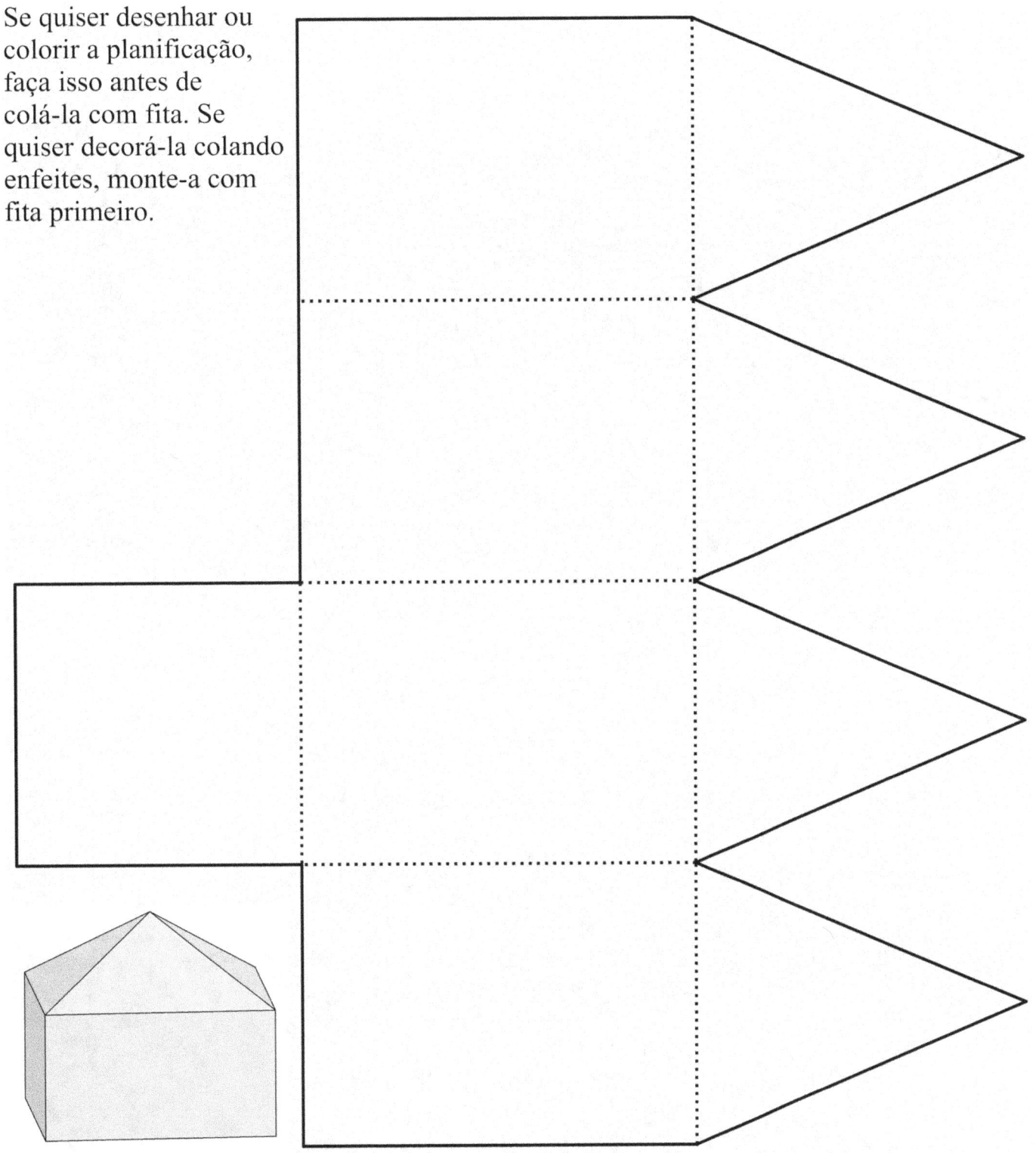

Antiprisma Triangular Alongado

1. Recorte ao longo das linhas contínuas.
2. Dobre nas linhas pontilhadas.
3. Dobre para trás nas linhas tracejadas.
4. Use fita adesiva transparente para fixar.

Se quiser desenhar ou colorir a planificação, faça isso antes de colá-la. Se quiser decorá-la colando enfeites, monte-a com fita primeiro.

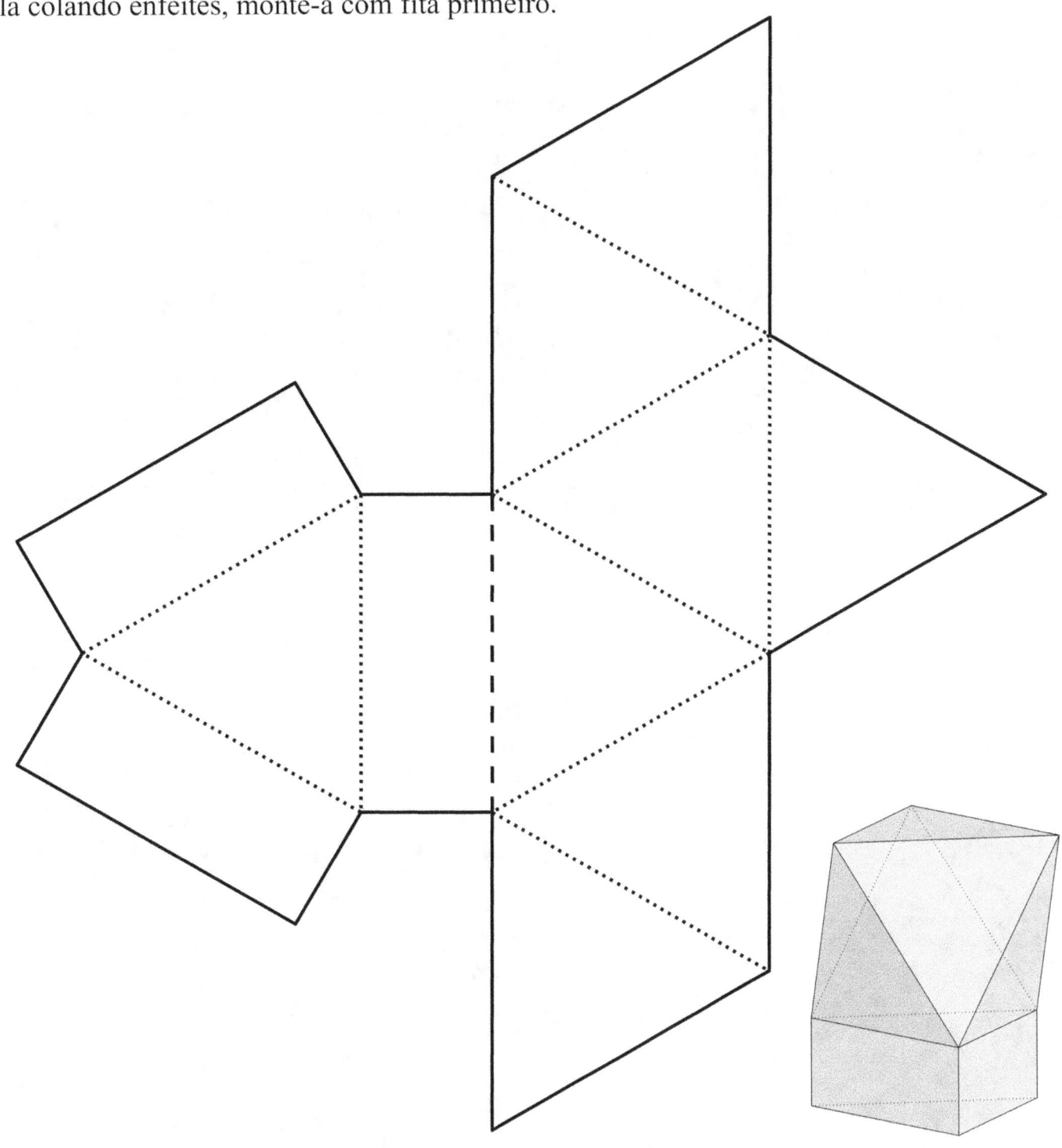

Cúpula Triangular Alongada

1. Recorte ao longo das linhas contínuas.
2. Dobre nas linhas pontilhadas.
3. Use fita adesiva transparente para fixar.

Se quiser desenhar ou colorir a planificação, faça isso antes de colá-la com fita. Se quiser decorá-la colando enfeites, monte-a com fita primeiro.

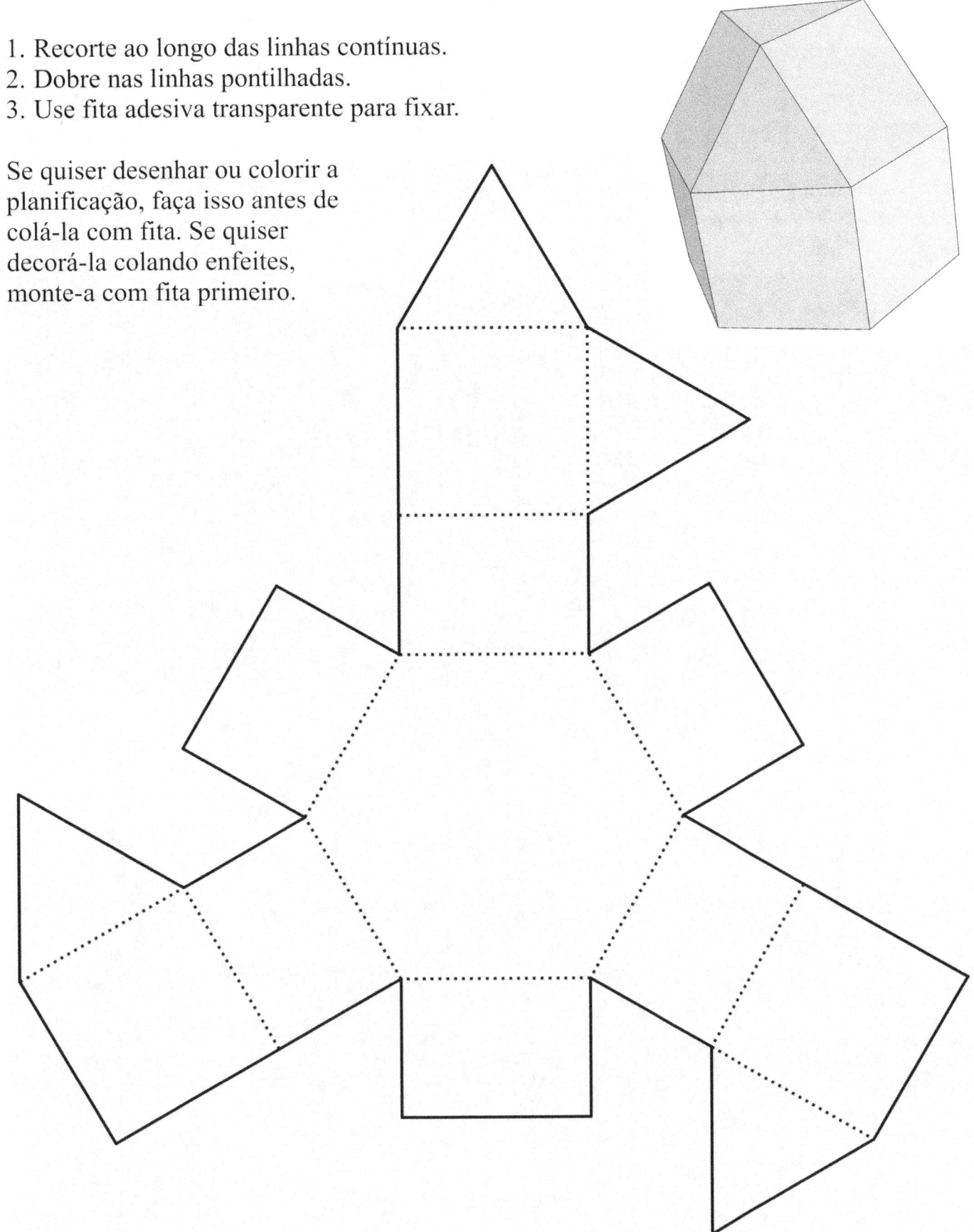

Bipirâmide Triangular Alongada

1. Recorte ao longo das linhas contínuas.
2. Dobre nas linhas pontilhadas.
3. Use fita adesiva transparente para fixar.

Se quiser desenhar ou colorir a planificação, faça isso antes de colá-la com fita. Se quiser decorá-la colando enfeites, monte-a com fita primeiro.

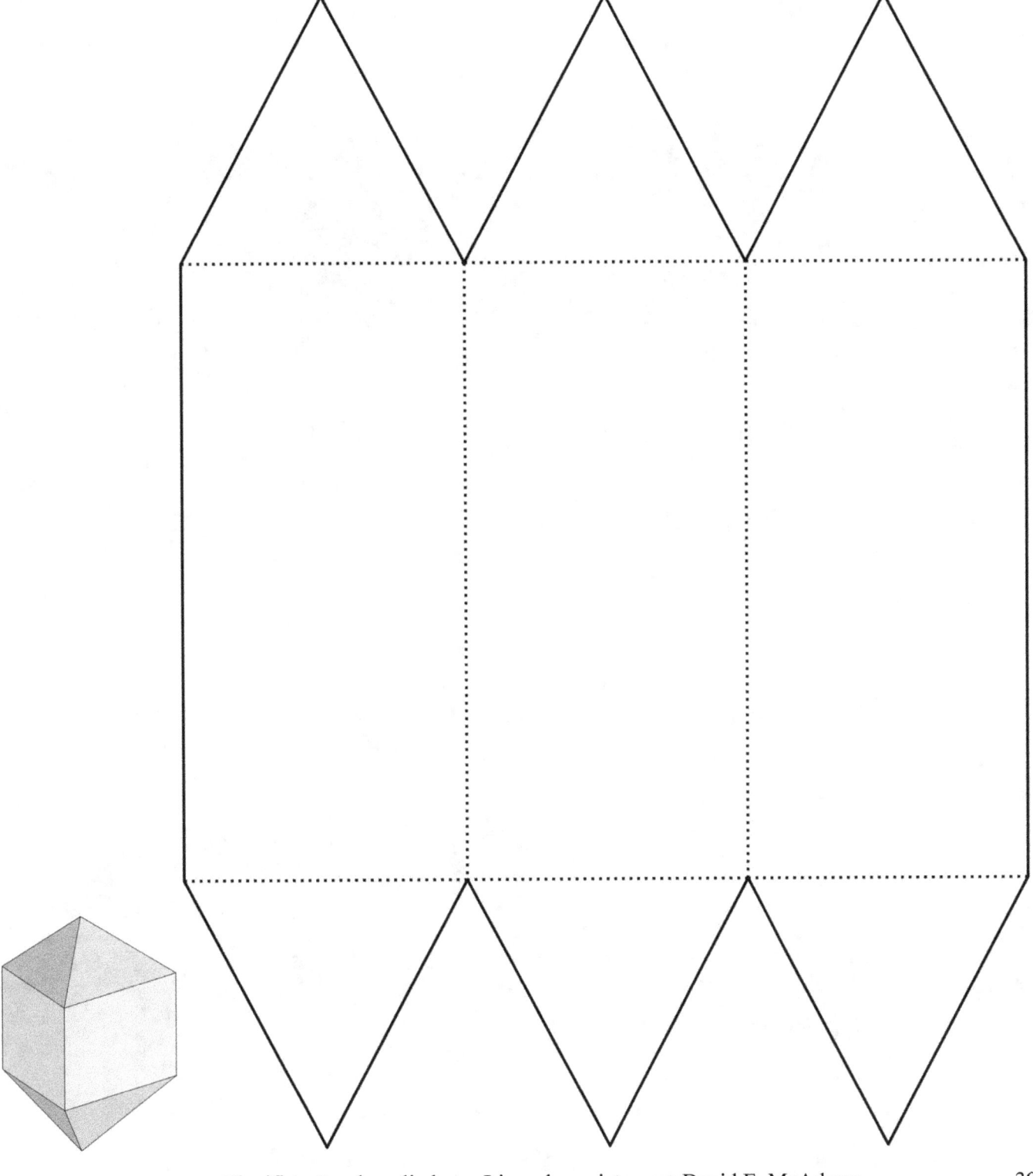

Planificações de poliedros - Livro de projetos por David E. McAdams

Pirâmide Triangular Alongada

1. Recorte ao longo das linhas contínuas.
2. Dobre nas linhas pontilhadas.
3. Use fita adesiva transparente para fixar.

Se quiser desenhar ou colorir a planificação, faça isso antes de colá-la com fita. Se quiser decorá-la colando enfeites, monte-a com fita primeiro.

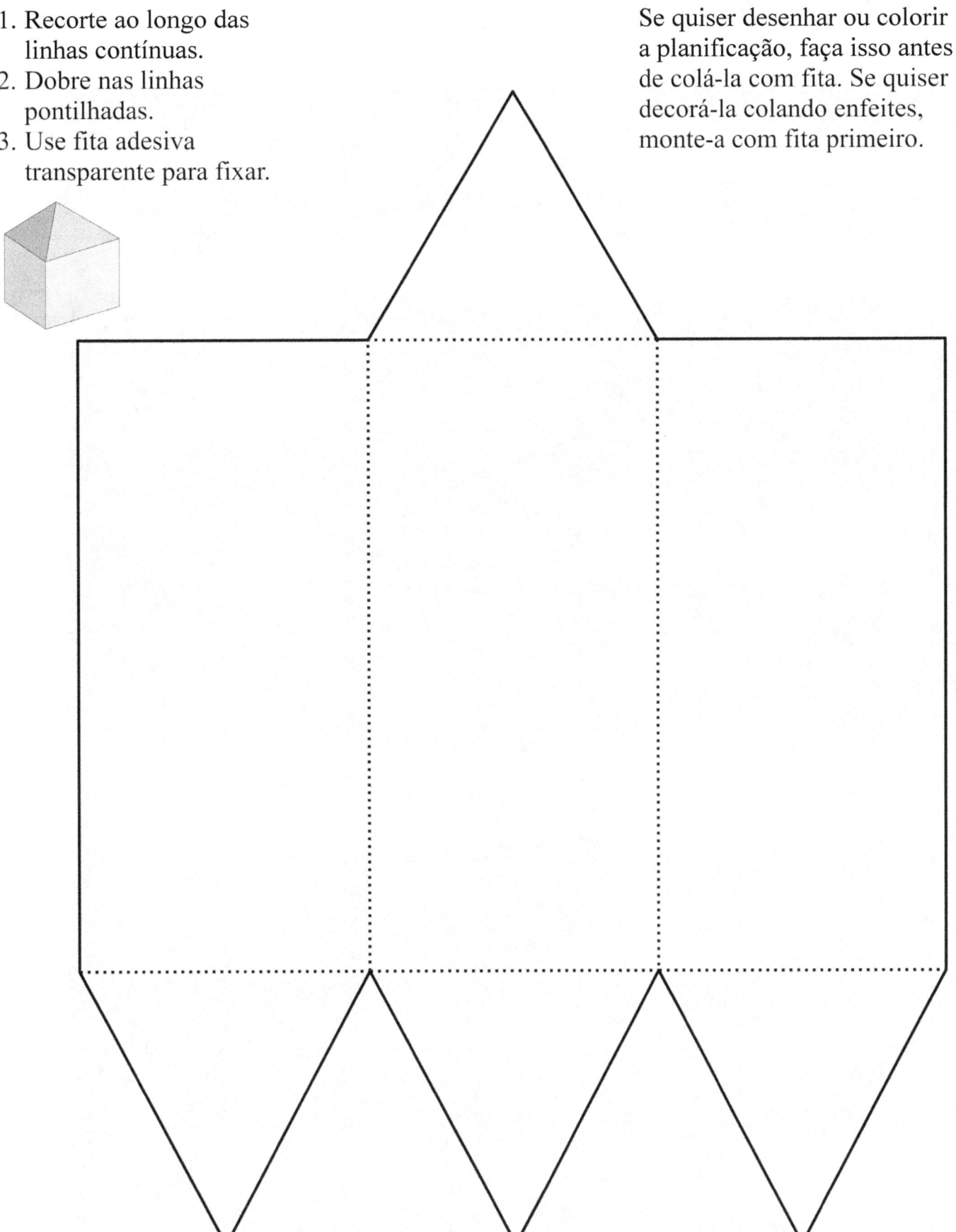

Tronco de Pirâmide Decagonal

1. Recorte ao longo das linhas contínuas.
2. Dobre nas linhas pontilhadas.
3. Use fita adesiva transparente para fixar.

Se quiser desenhar ou colorir a planificação, faça isso antes de colá-la com fita. Se quiser decorá-la colando enfeites, monte-a com fita primeiro.

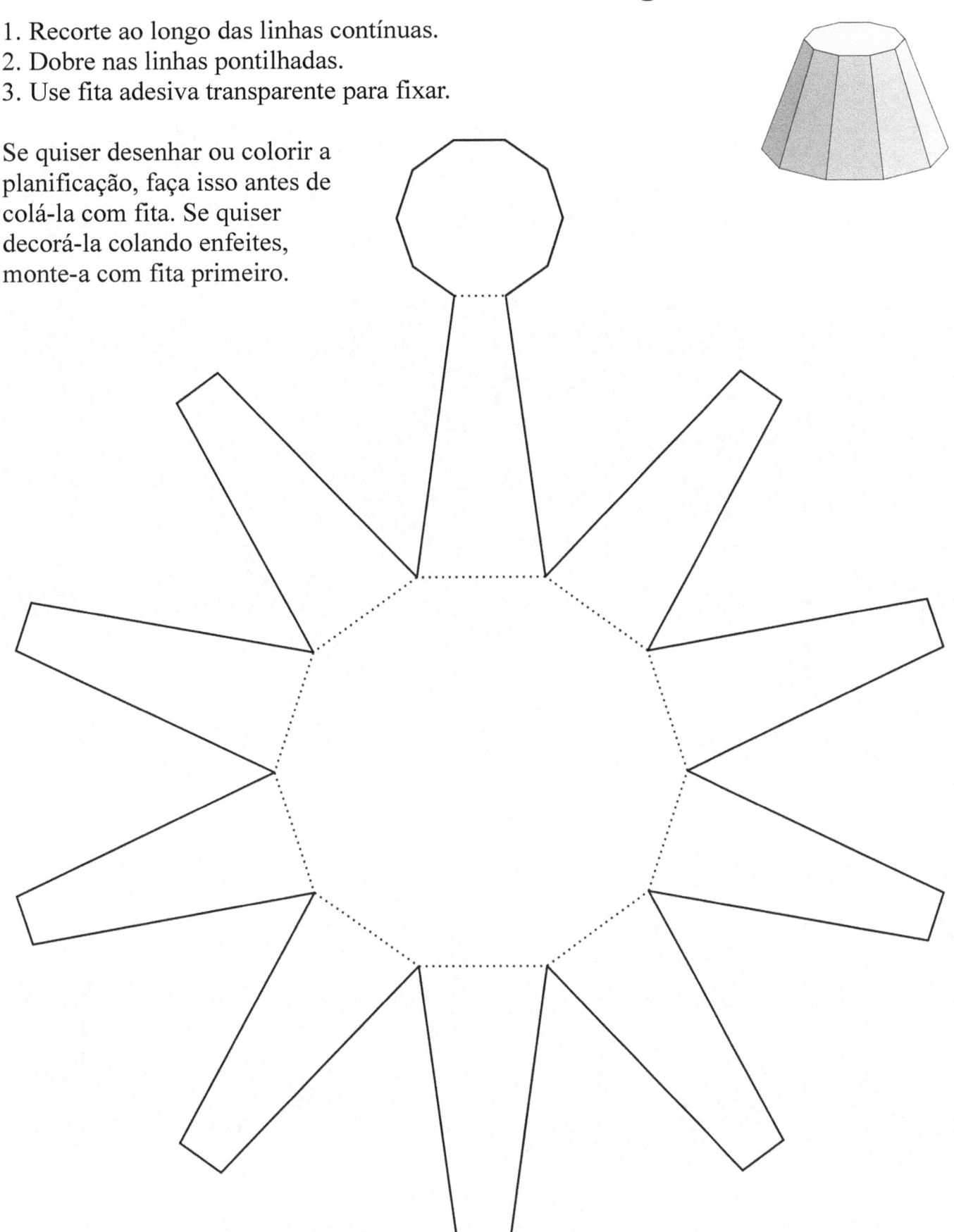

Planificações de poliedros - Livro de projetos por David E. McAdams

Tronco de Pirâmide Quadrilateral

1. Recorte ao longo das linhas contínuas.
2. Dobre nas linhas pontilhadas.
3. Use fita adesiva transparente para fixar.

Se quiser desenhar ou colorir a planificação, faça isso antes de colá-la com fita. Se quiser decorá-la colando enfeites, monte-a com fita primeiro.

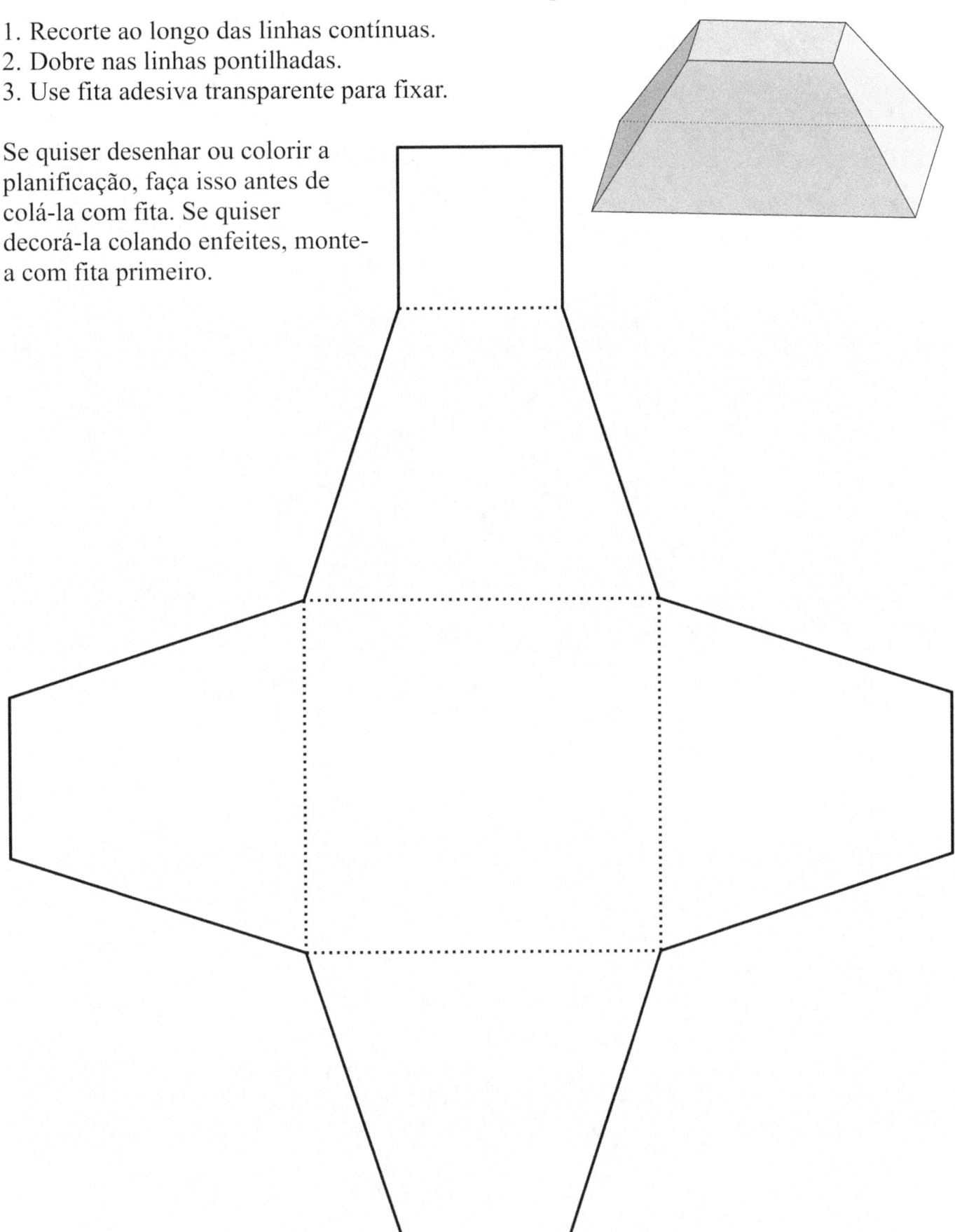

Tronco de Pirâmide Triangular

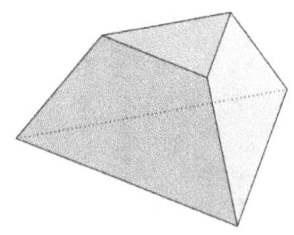

1. Recorte ao longo das linhas contínuas.
2. Dobre nas linhas pontilhadas.
3. Use fita adesiva transparente para fixar.

Se quiser desenhar ou colorir a planificação, faça isso antes de colá-la com fita. Se quiser decorá-la colando enfeites, monte-a com fita primeiro.

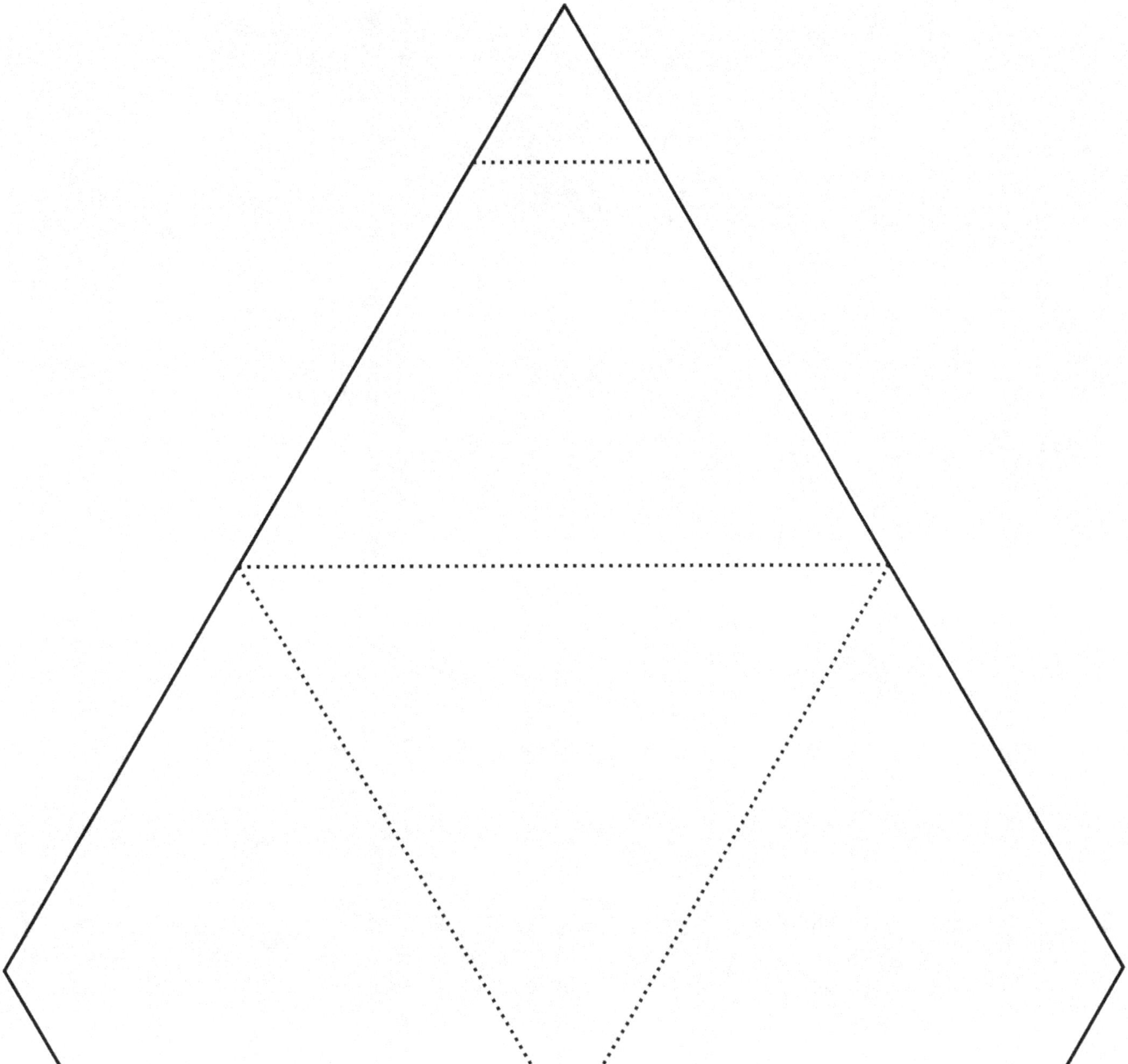

Grande Dodecaedro

1. Recorte ao longo das linhas contínuas.
2. Dobre nas linhas pontilhadas.
3. Dobre para trás nas linhas tracejadas.
4. Use fita adesiva transparente para fixar.

Se quiser desenhar ou colorir a planificação, faça isso antes de colá-la com fita. Se quiser decorá-la colando enfeites, monte-a com fita primeiro.

Planificações de poliedros - Livro de projetos por David E. McAdams
Direitos autorais 2025. Pode ser copiado apenas para uso educacional incidental e não comercial.

Grande Dodecaedro Estrelado

1. Esta é uma planificação de poliedro em duas partes. Metade está nesta página e a outra metade na próxima.
2. Recorte ambas as partes ao longo das linhas contínuas.
3. Una as duas partes com fita adesiva no local marcado com a letra 'A'.
4. Dobre nas linhas pontilhadas.
5. Dobre para trás nas linhas tracejadas.
6. Use fita adesiva transparente para fixar.

Se quiser desenhar ou colorir a planificação, faça isso antes de colá-la. Se quiser decorá-la colando enfeites, monte-a com fita primeiro.

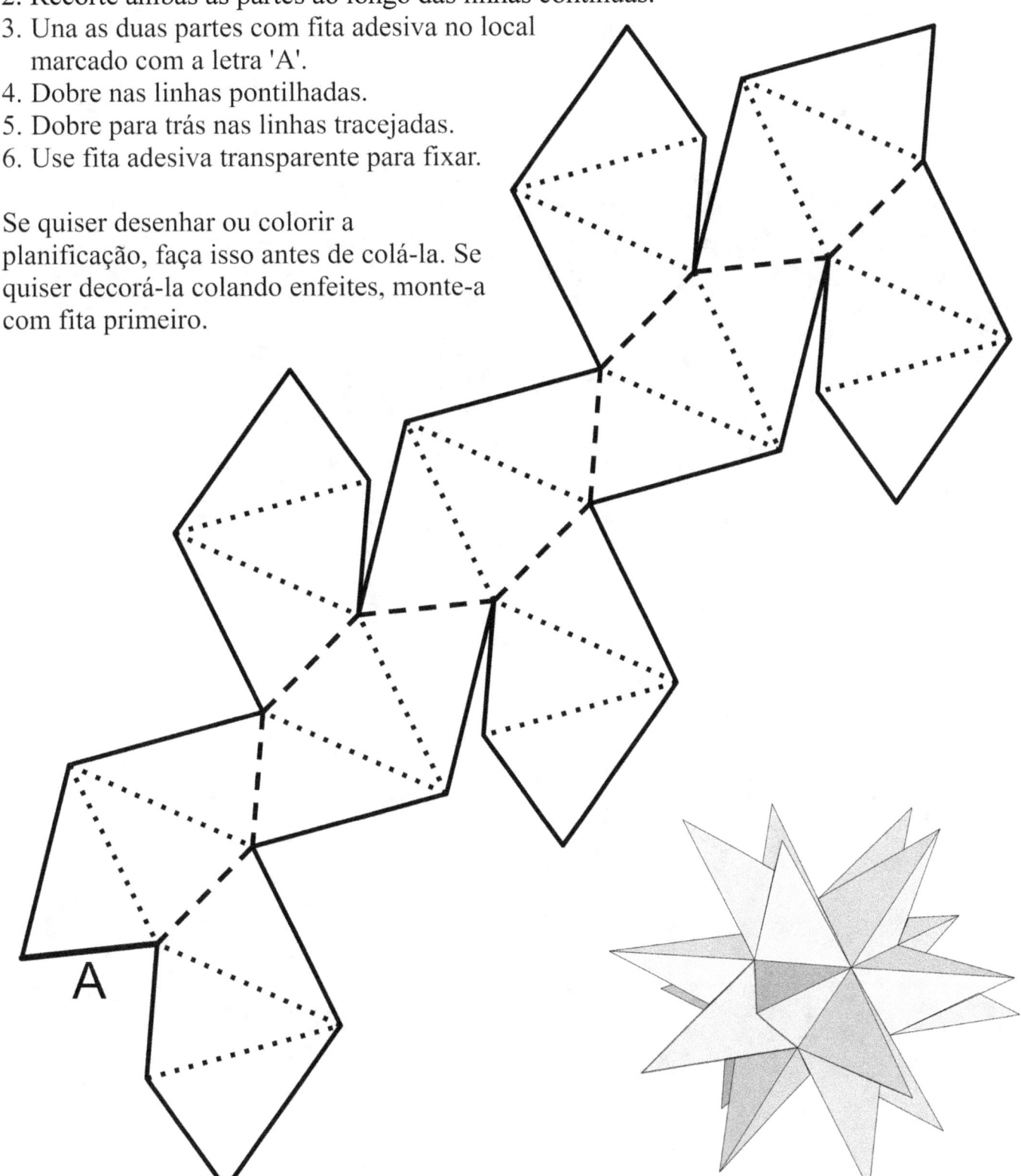

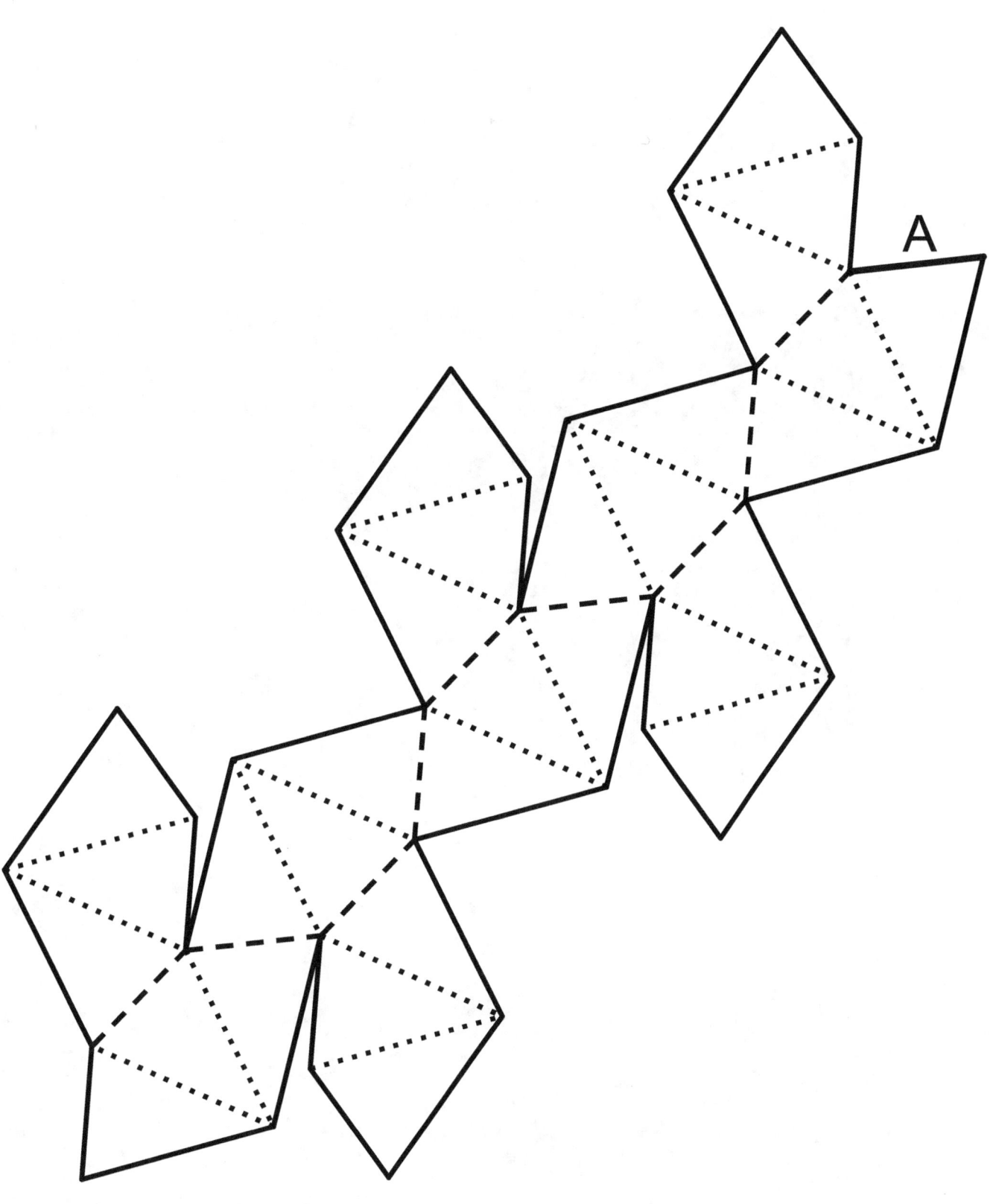

Pirâmide Pentagonal Giroalongada

1. Recorte ao longo das linhas contínuas.
2. Dobre nas linhas pontilhadas.
3. Use fita adesiva transparente para fixar.

Se quiser desenhar ou colorir a planificação, faça isso antes de colá-la com fita. Se quiser decorá-la colando enfeites, monte-a com fita primeiro.

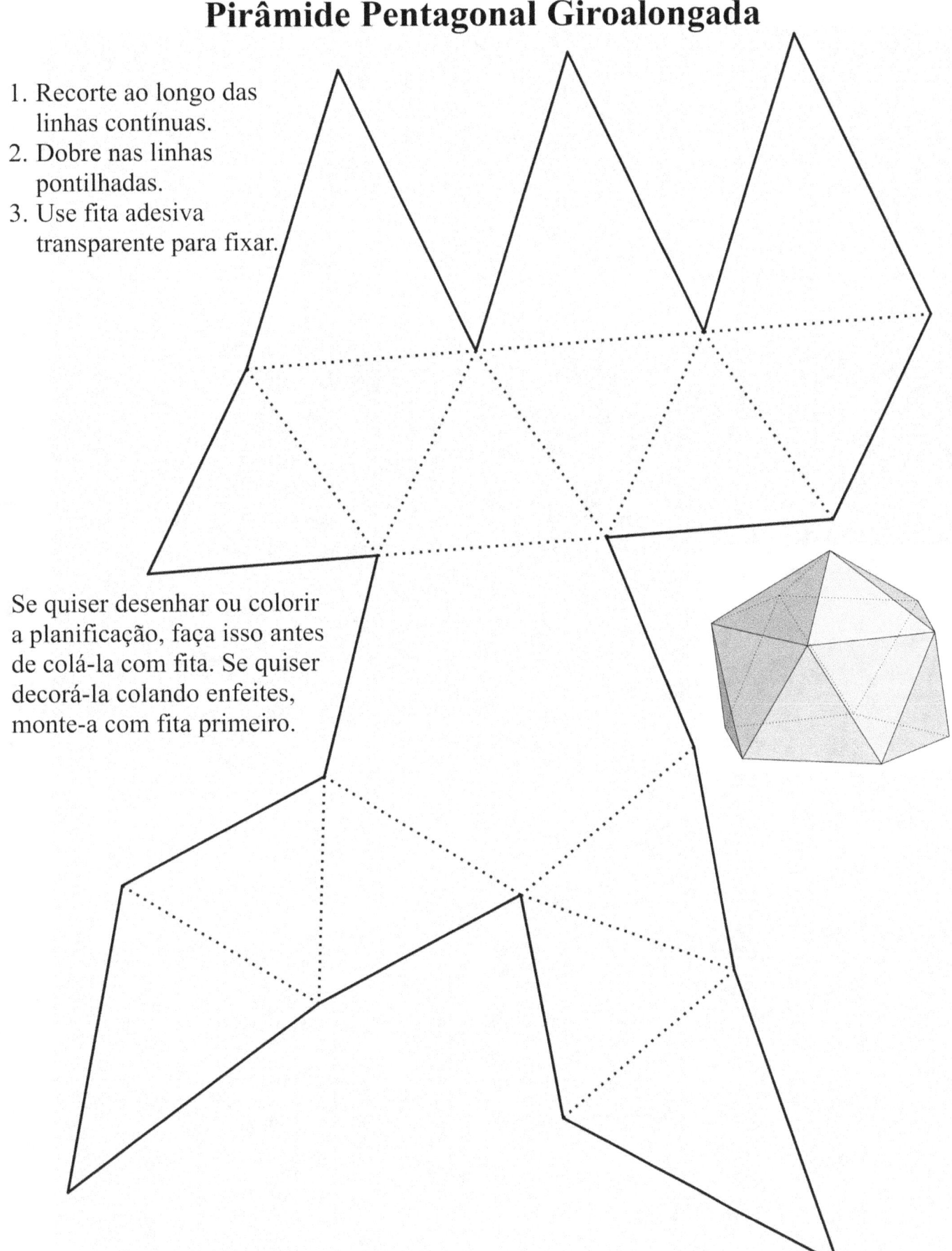

Planificações de poliedros - Livro de projetos por David E. McAdams
Direitos autorais 2025. Pode ser copiado apenas para uso educacional incidental e não comercial.

Bipirâmide Quadrada Giroalongada

1. Recorte ao longo das linhas contínuas.
2. Dobre nas linhas pontilhadas.
3. Use fita adesiva transparente para fixar.

Se quiser desenhar ou colorir a planificação, faça isso antes de colá-la com fita. Se quiser decorá-la colando enfeites, monte-a com fita primeiro.

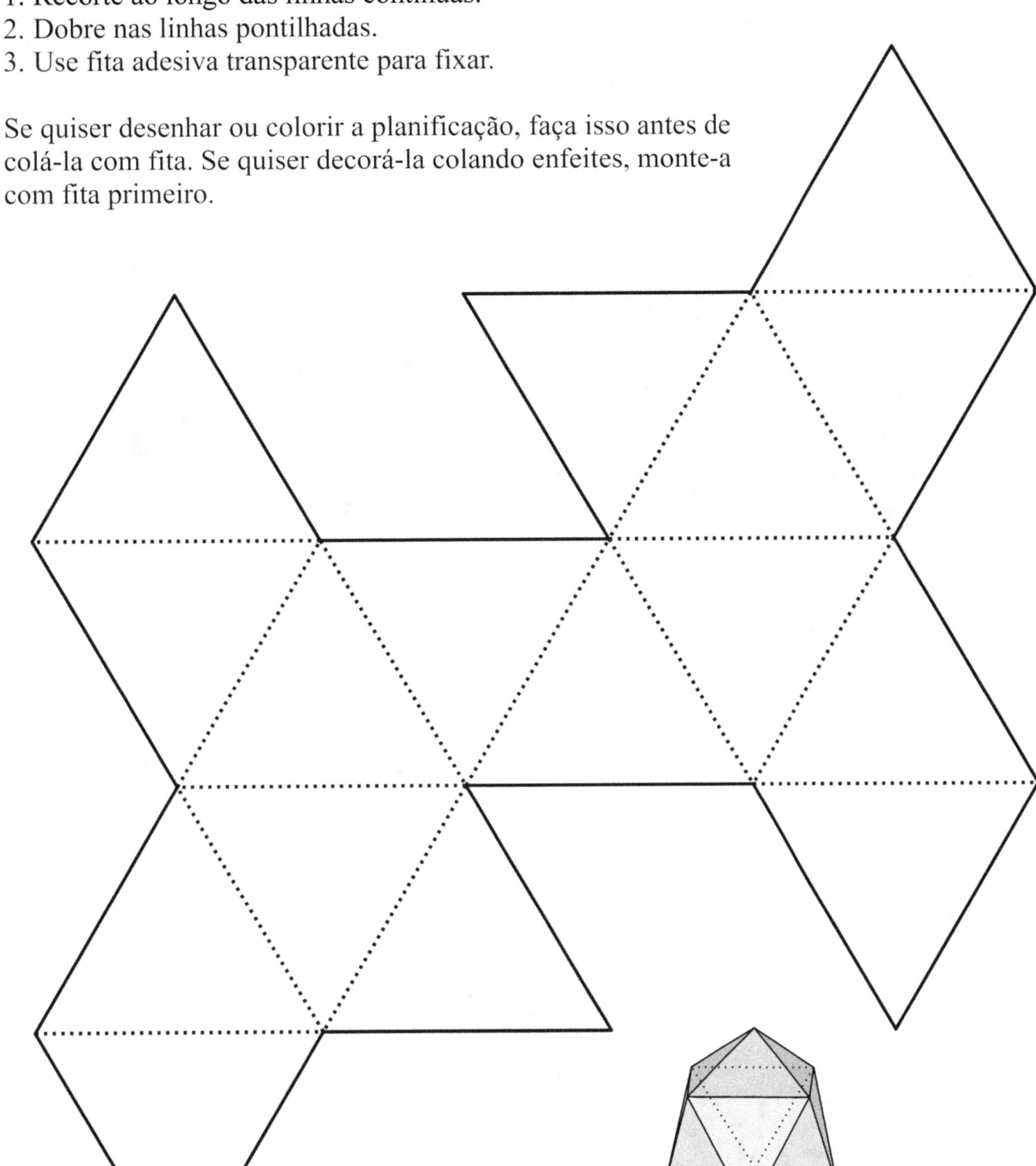

Planificações de poliedros - Livro de projetos por David E. McAdams

Prisma Quadrado Giroalongado

1. Recorte ao longo das linhas contínuas.
2. Dobre nas linhas pontilhadas.
3. Use fita adesiva transparente para fixar.

Se quiser desenhar ou colorir a planificação, faça isso antes de colá-la com fita. Se quiser decorá-la colando enfeites, monte-a com fita primeiro.

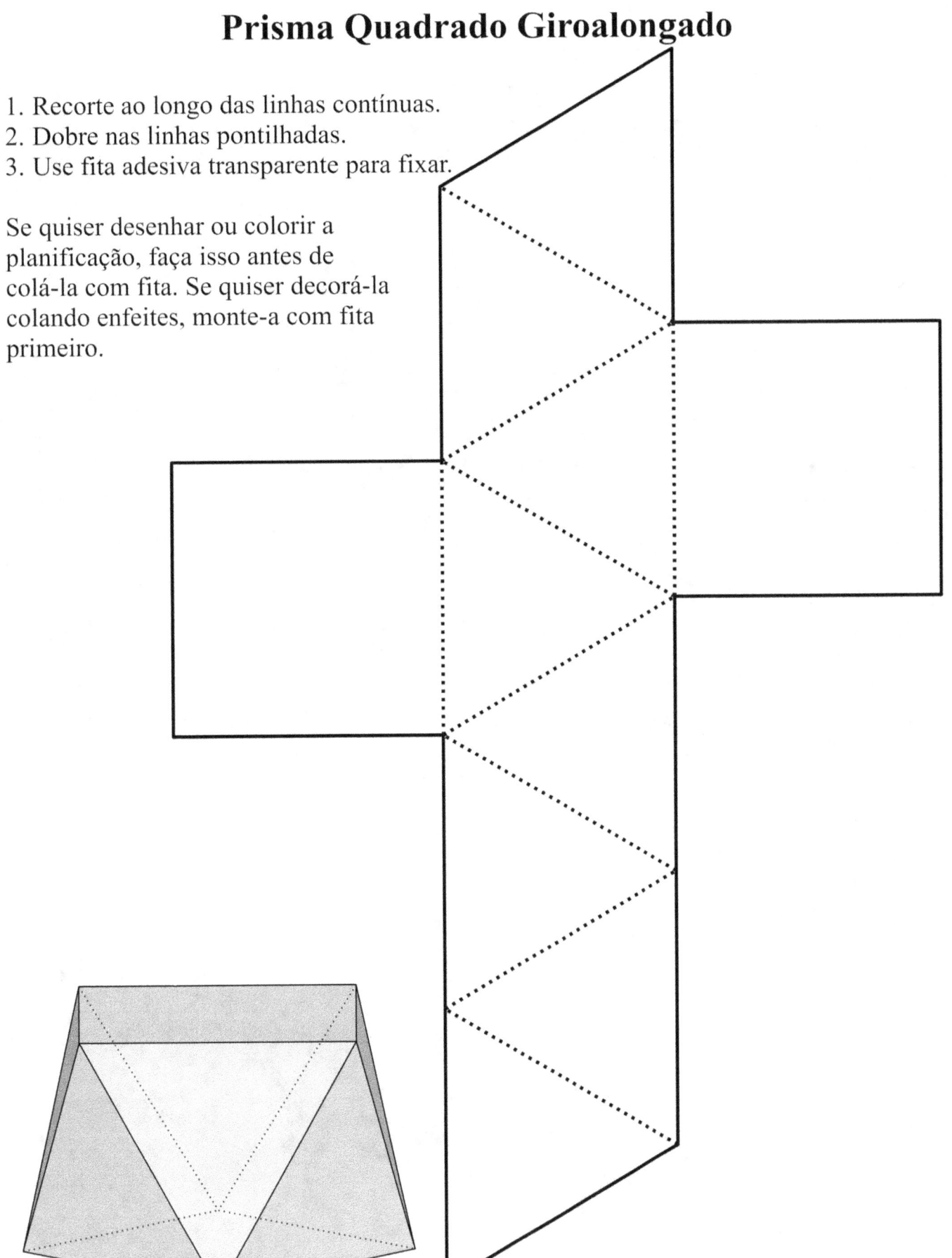

Planificações de poliedros - Livro de projetos por David E. McAdams

Pirâmide Quadrada Giroalongada

1. Recorte ao longo das linhas contínuas.
2. Dobre nas linhas pontilhadas.
3. Use fita adesiva transparente para fixar.

Se quiser desenhar ou colorir a planificação, faça isso antes de colá-la com fita. Se quiser decorá-la colando enfeites, monte-a com fita primeiro.

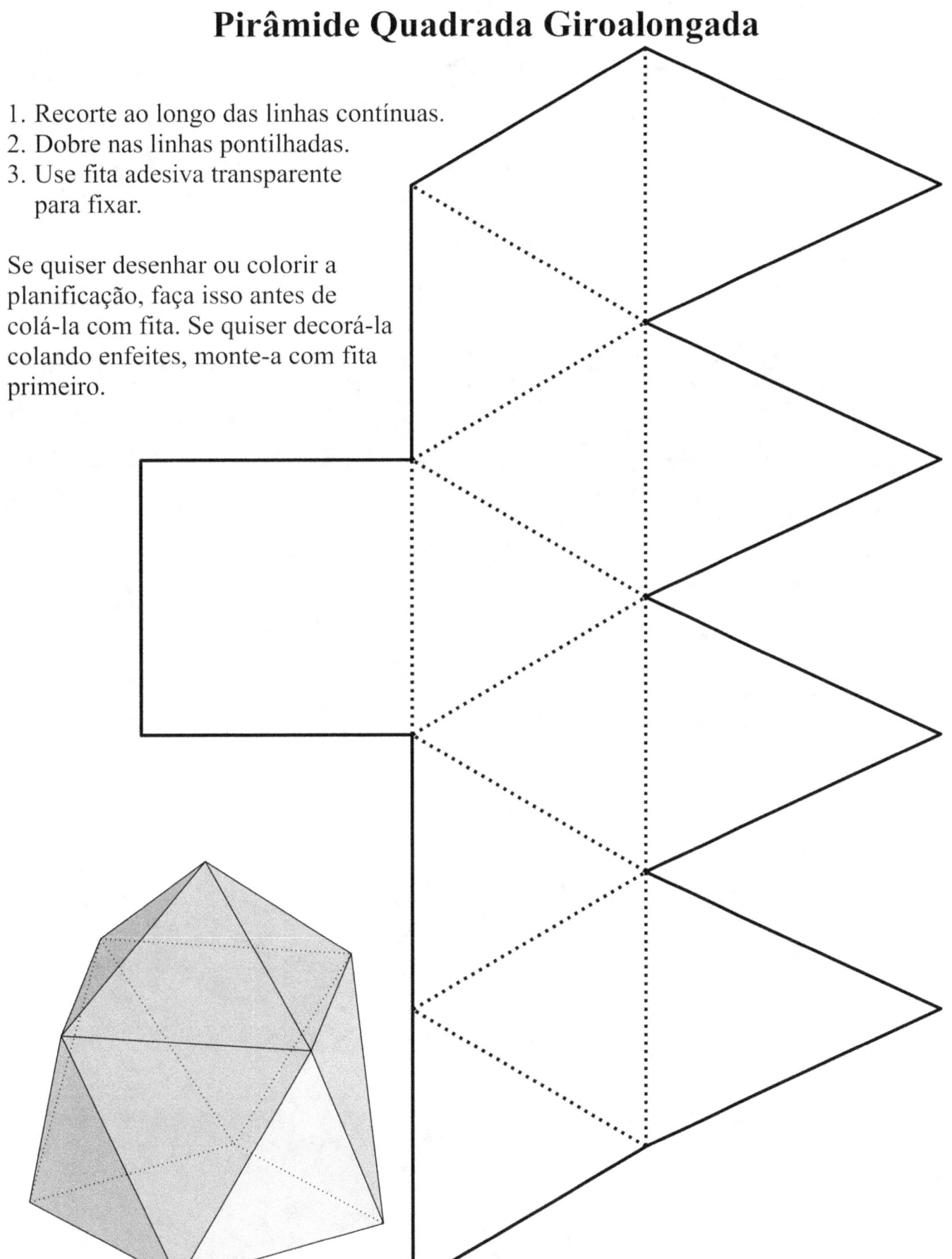

Pirâmide Heptagonal

1. Recorte ao longo das linhas contínuas.
2. Dobre nas linhas pontilhadas.
3. Use fita adesiva transparente para fixar.

Se quiser desenhar ou colorir a planificação, faça isso antes de colá-la com fita. Se quiser decorá-la colando enfeites, monte-a com fita primeiro.

Planificações de poliedros - Livro de projetos por David E. McAdams
Direitos autorais 2025. Pode ser copiado apenas para uso educacional incidental e não comercial.

Heptaedro 4,4,4,3,3,3,3

1. Recorte ao longo das linhas contínuas.
2. Dobre nas linhas pontilhadas.
3. Use fita adesiva transparente para fixar.

Se quiser desenhar ou colorir a planificação, faça isso antes de colá-la com fita. Se quiser decorá-la colando enfeites, monte-a com fita primeiro.

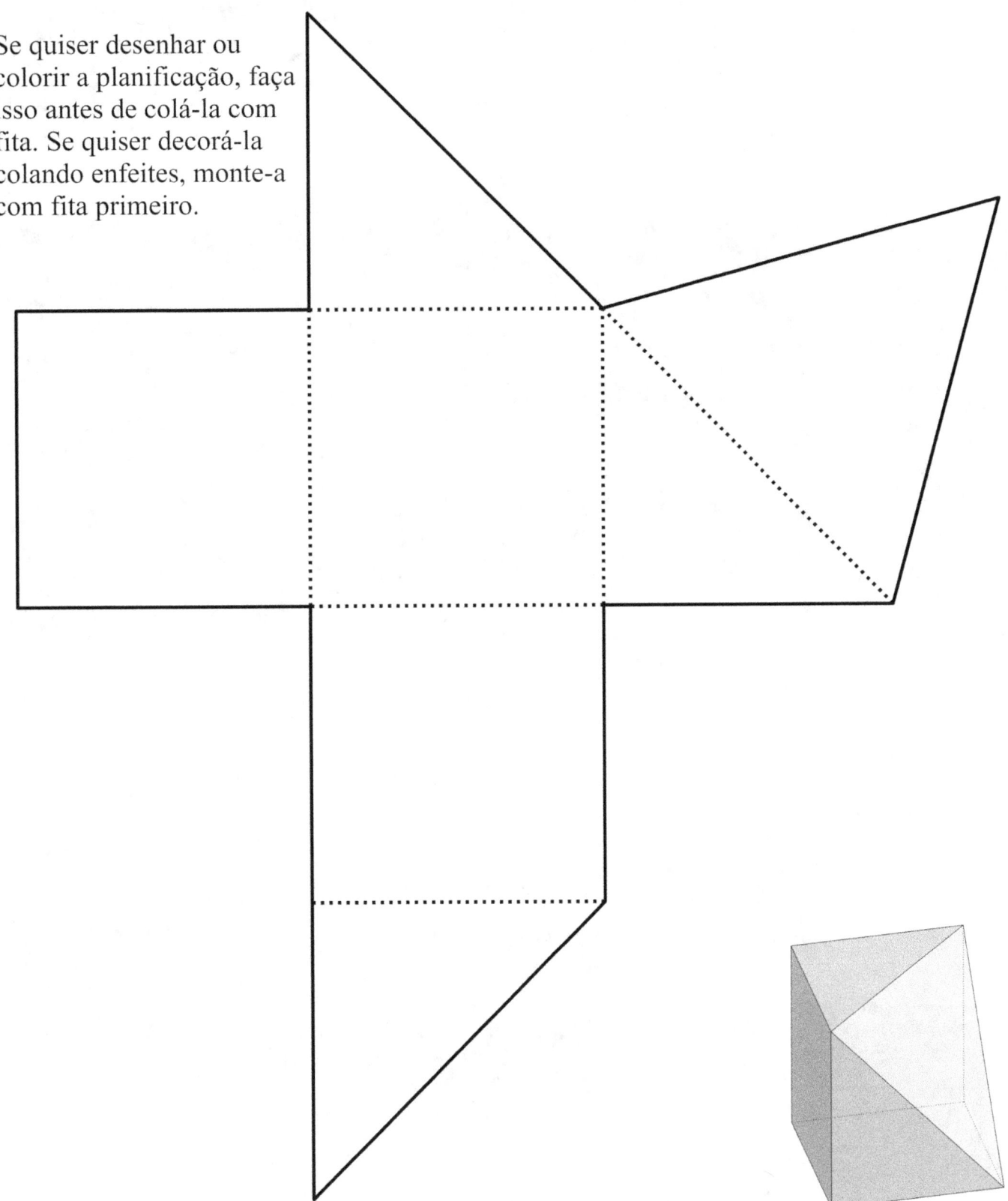

Planificações de poliedros - Livro de projetos por David E. McAdams

Heptaedro 5,5,5,4,4,4,3

1. Recorte ao longo das linhas contínuas.
2. Dobre nas linhas pontilhadas.
3. Use fita adesiva transparente para fixar.

Se quiser desenhar ou colorir a planificação, faça isso antes de colá-la com fita. Se quiser decorá-la colando enfeites, monte-a com fita primeiro.

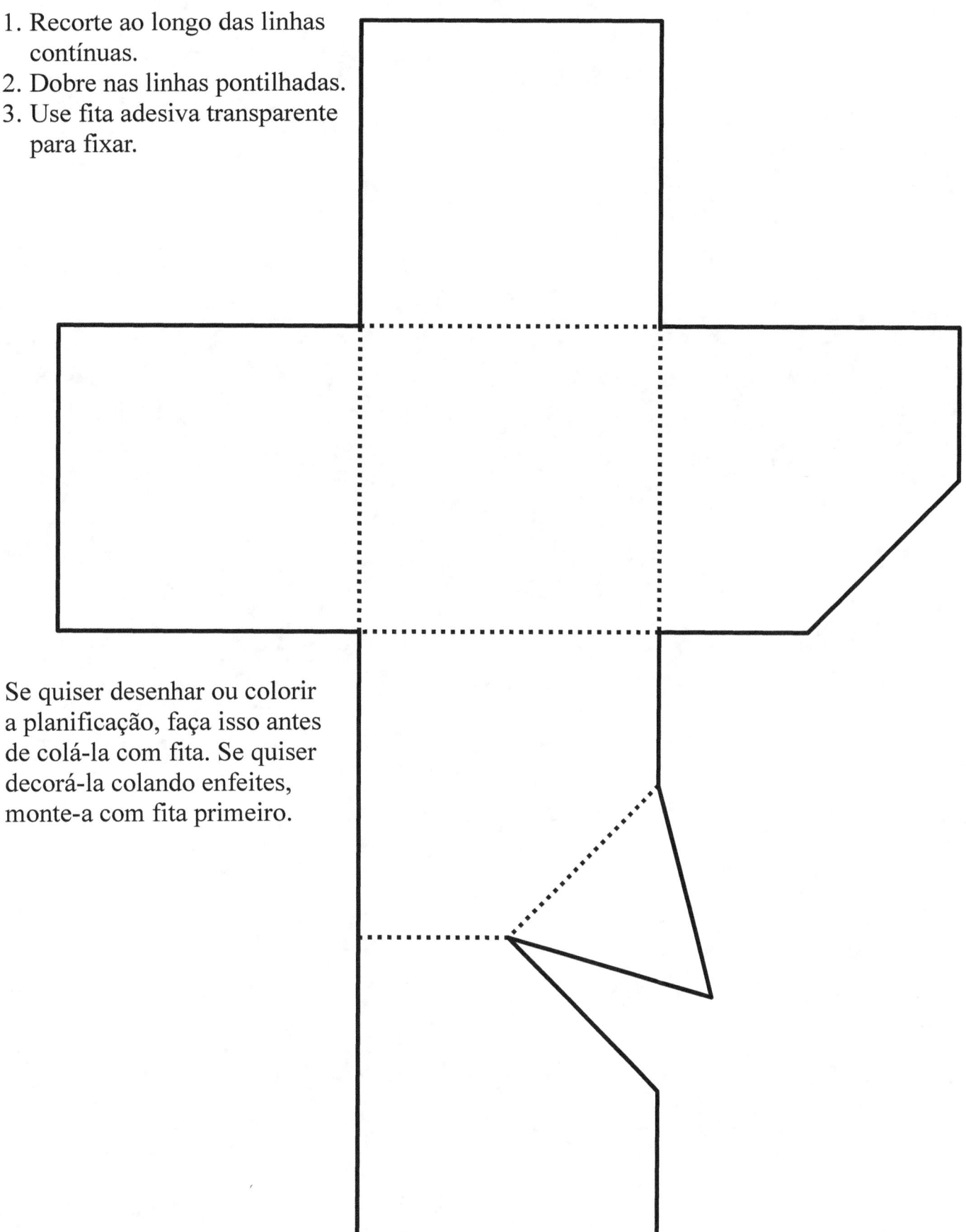

Heptaedro 6,6,4,4,4,3,3

1. Recorte ao longo das linhas contínuas.
2. Dobre nas linhas pontilhadas.
3. Use fita adesiva transparente para fixar.

Se quiser desenhar ou colorir a planificação, faça isso antes de colá-la com fita. Se quiser decorá-la colando enfeites, monte-a com fita primeiro.

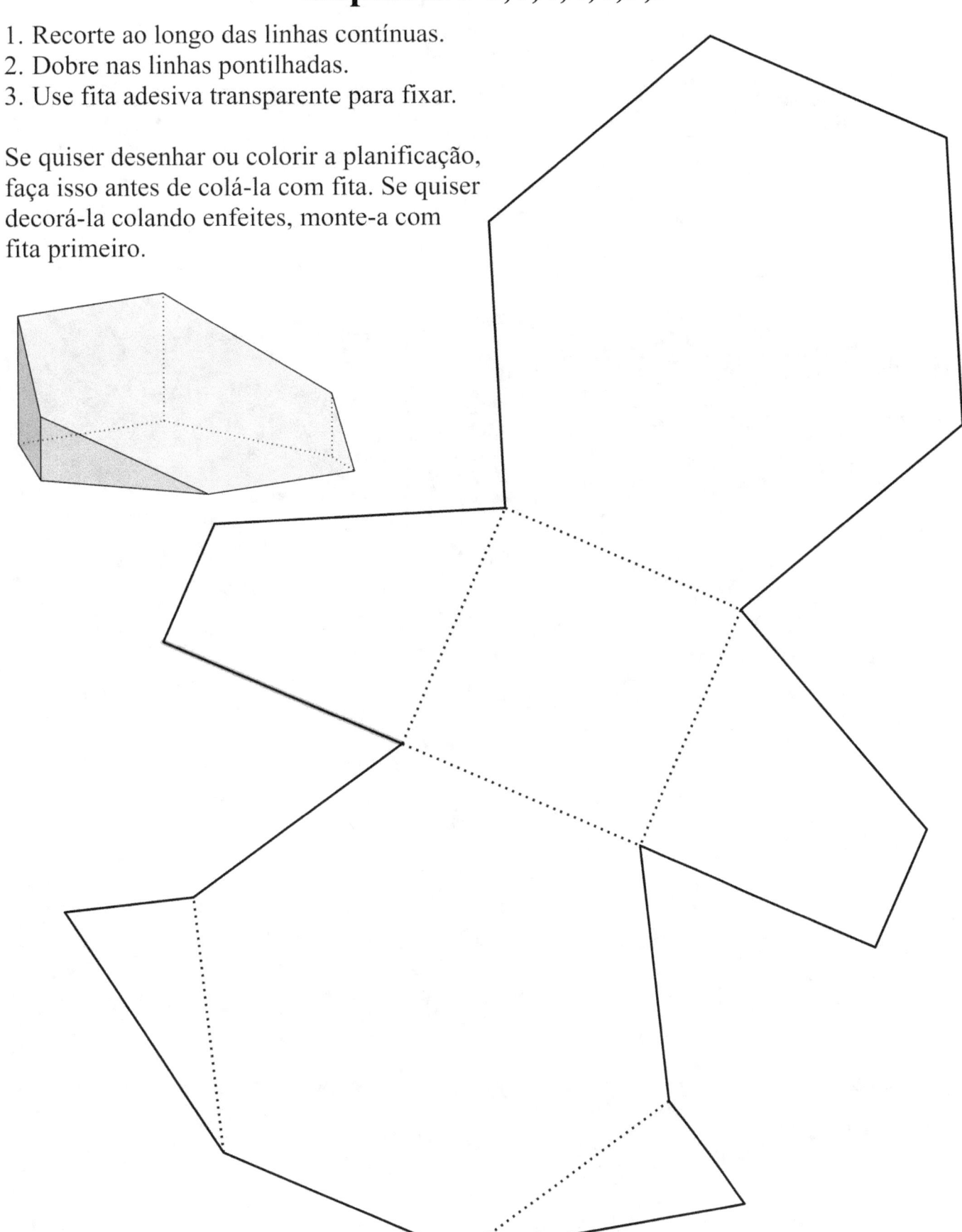

Prisma Hexagonal

1. Recorte ao longo das linhas contínuas.
2. Dobre nas linhas pontilhadas.
3. Use fita adesiva transparente para fixar.

Se quiser desenhar ou colorir a planificação, faça isso antes de colá-la com fita. Se quiser decorá-la colando enfeites, monte-a com fita primeiro.

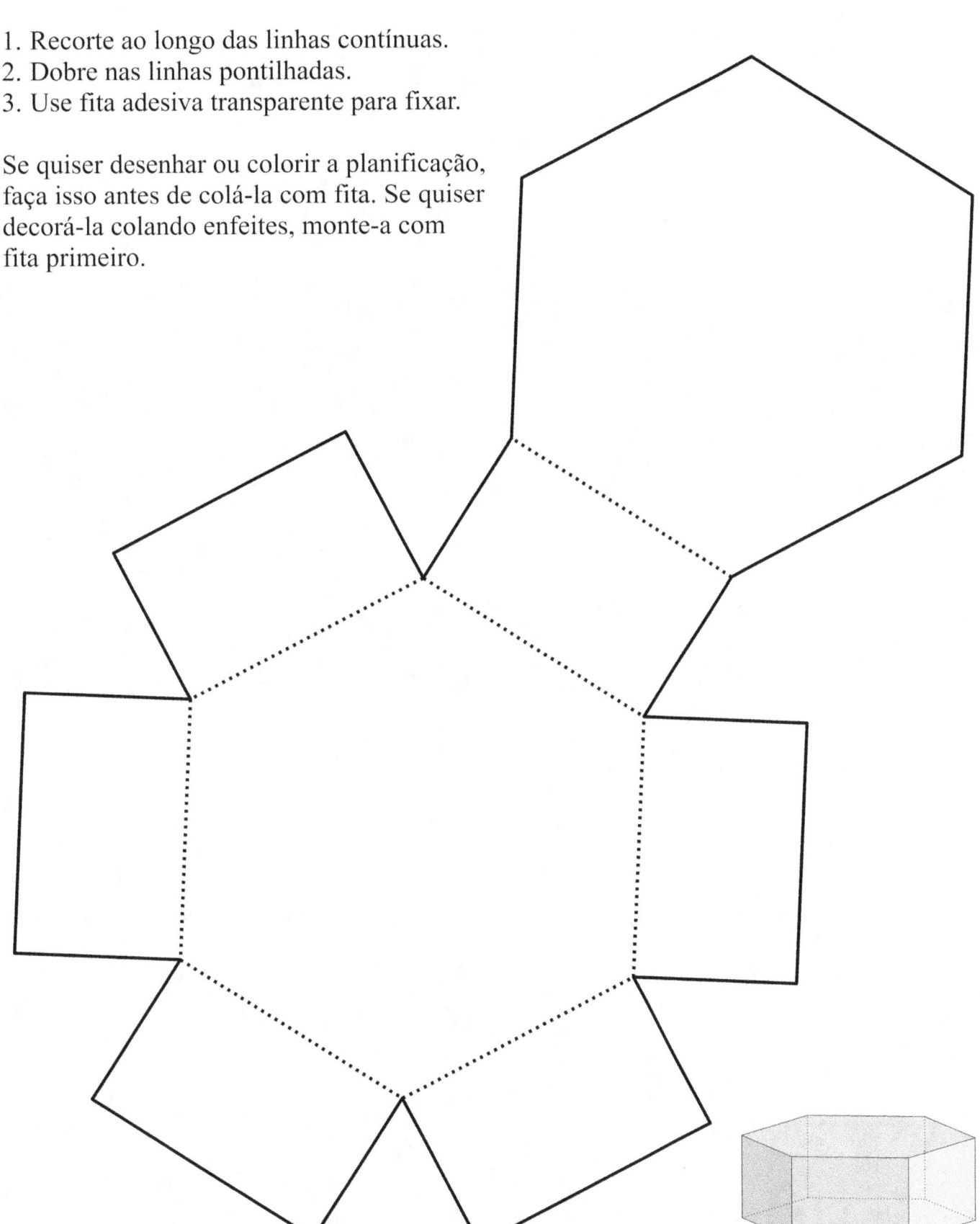

Pirâmide Hexagonal

1. Recorte ao longo das linhas contínuas.
2. Dobre nas linhas pontilhadas.
3. Use fita adesiva transparente para fixar.

Se quiser desenhar ou colorir a planificação, faça isso antes de colá-la com fita. Se quiser decorá-la colando enfeites, monte-a com fita primeiro.

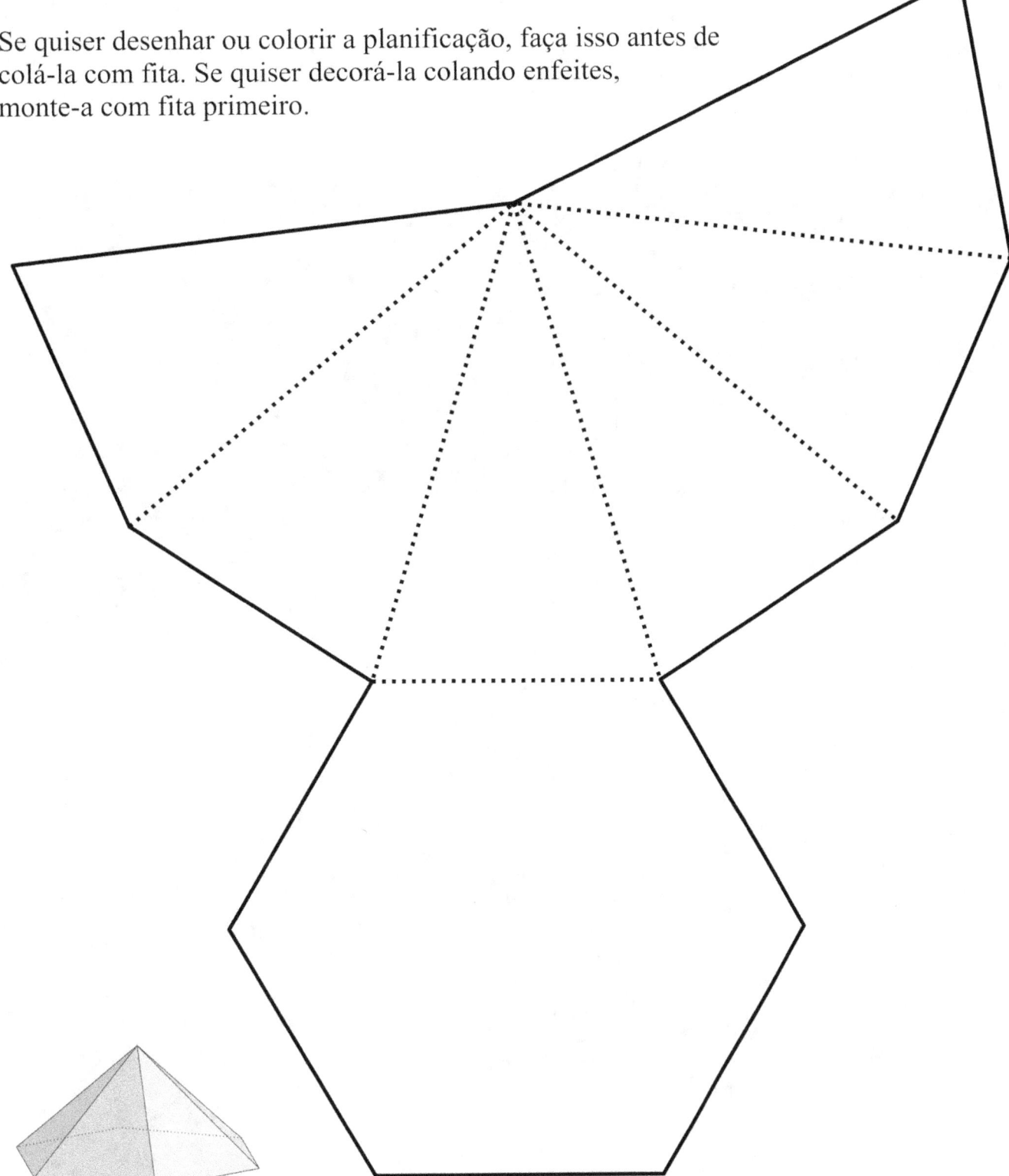

Planificações de poliedros - Livro de projetos por David E. McAdams
Direitos autorais 2025. Pode ser copiado apenas para uso educacional incidental e não comercial.

Hexaedro 4,4,4,4,3,3

1. Recorte ao longo das linhas contínuas.
2. Dobre nas linhas pontilhadas.
3. Use fita adesiva transparente para fixar.

Se quiser desenhar ou colorir a planificação, faça isso antes de colá-la com fita. Se quiser decorá-la colando enfeites, monte-a com fita primeiro.

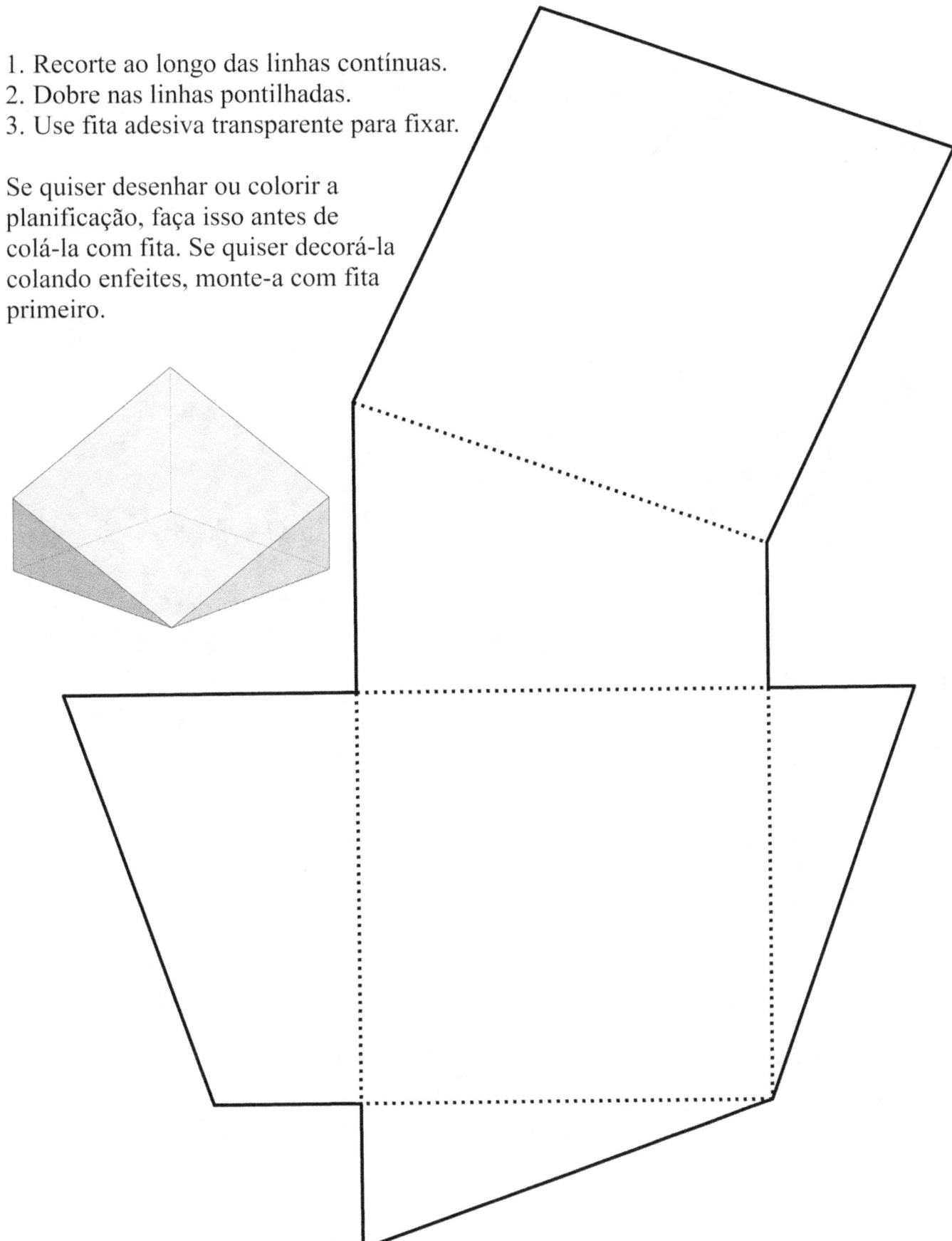

Hexaedro 5,4,4,3,3,3

1. Recorte ao longo das linhas contínuas.
2. Dobre nas linhas pontilhadas.
3. Use fita adesiva transparente para fixar.

Se quiser desenhar ou colorir a planificação, faça isso antes de colá-la com fita. Se quiser decorá-la colando enfeites, monte-a com fita primeiro.

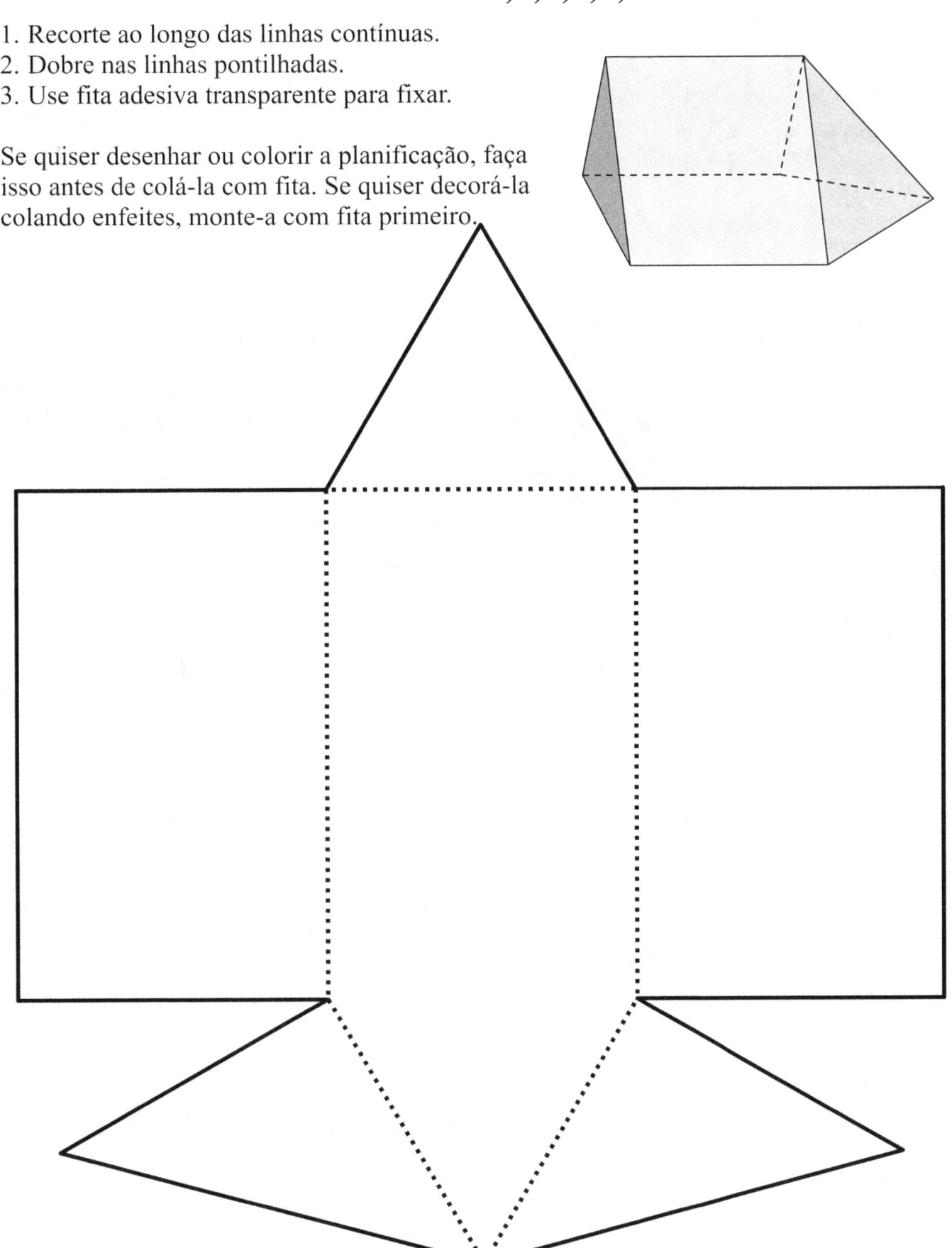

Planificações de poliedros - Livro de projetos por David E. McAdams
Direitos autorais 2025. Pode ser copiado apenas para uso educacional incidental e não comercial.

Hexaedro 5,5,4,4,3,3

1. Recorte ao longo das linhas contínuas.
2. Dobre nas linhas pontilhadas.
3. Use fita adesiva transparente para fixar.

Se quiser desenhar ou colorir a planificação, faça isso antes de colá-la com fita. Se quiser decorá-la colando enfeites, monte-a com fita primeiro.

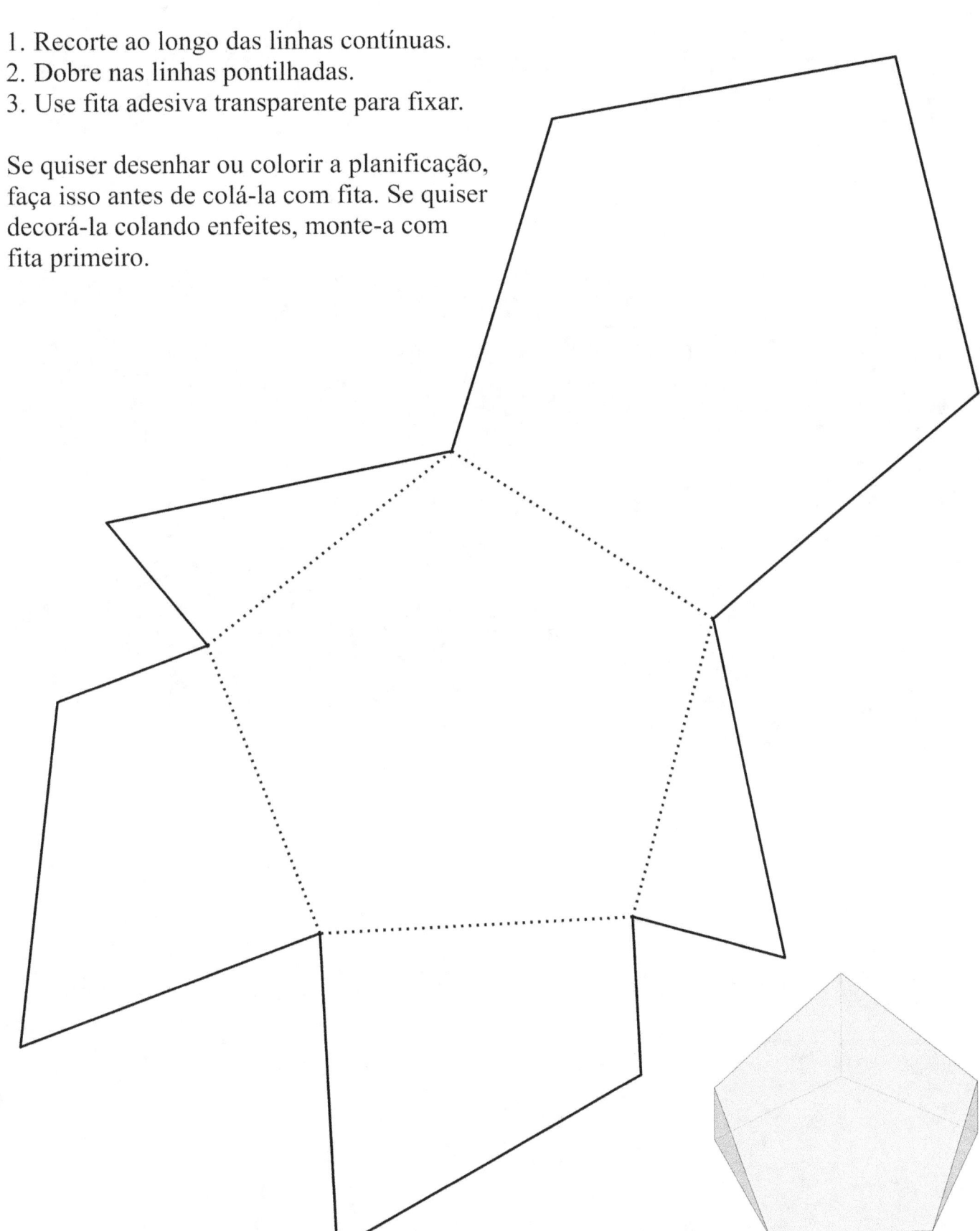

Icosaedro Regular

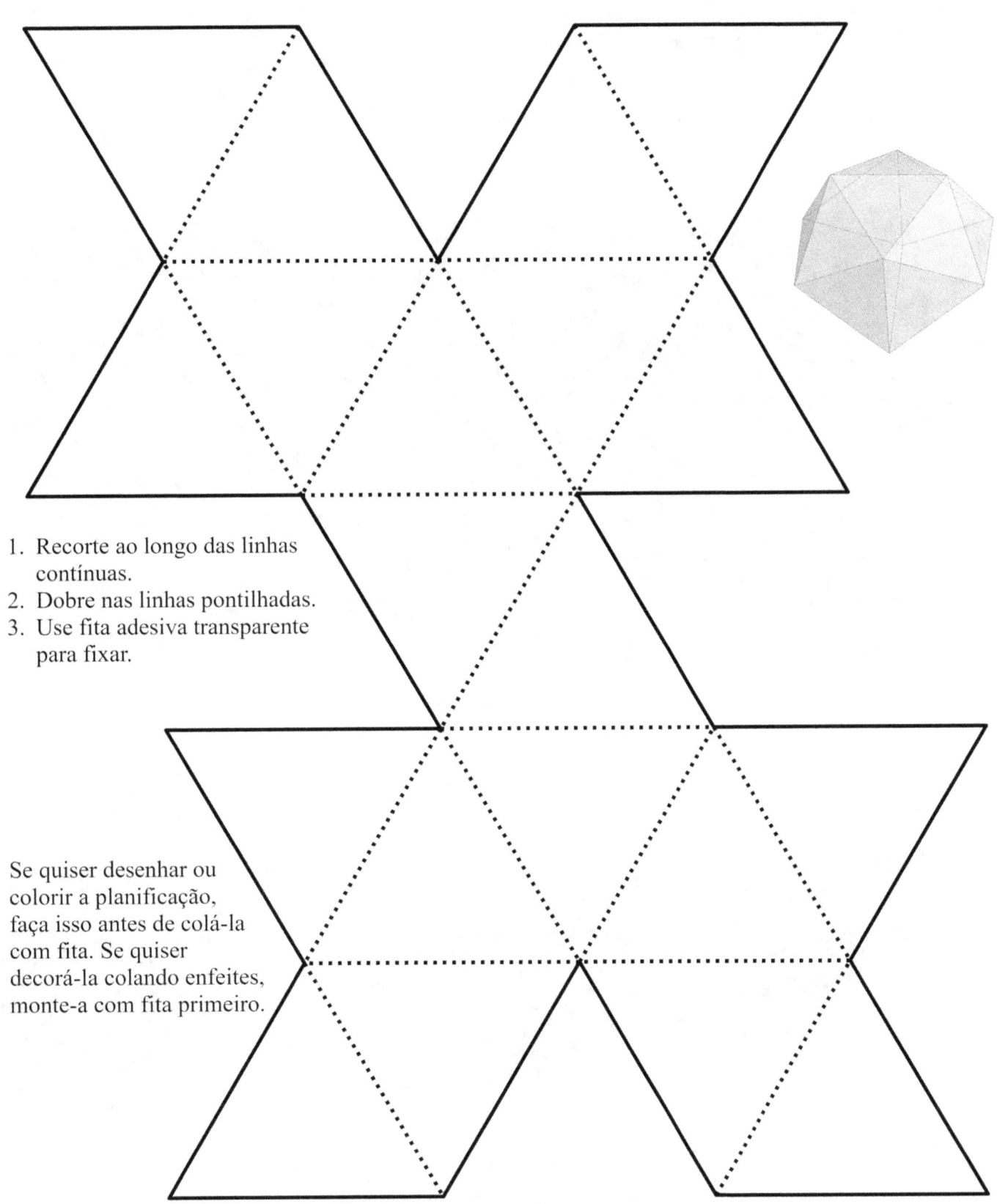

1. Recorte ao longo das linhas contínuas.
2. Dobre nas linhas pontilhadas.
3. Use fita adesiva transparente para fixar.

Se quiser desenhar ou colorir a planificação, faça isso antes de colá-la com fita. Se quiser decorá-la colando enfeites, monte-a com fita primeiro.

Icosidodecaedro

1. Recorte ao longo das linhas contínuas.
2. Dobre nas linhas pontilhadas.
3. Use fita adesiva transparente para fixar.

Se quiser desenhar ou colorir a planificação, faça isso antes de colá-la com fita. Se quiser decorá-la colando enfeites, monte-a com fita primeiro.

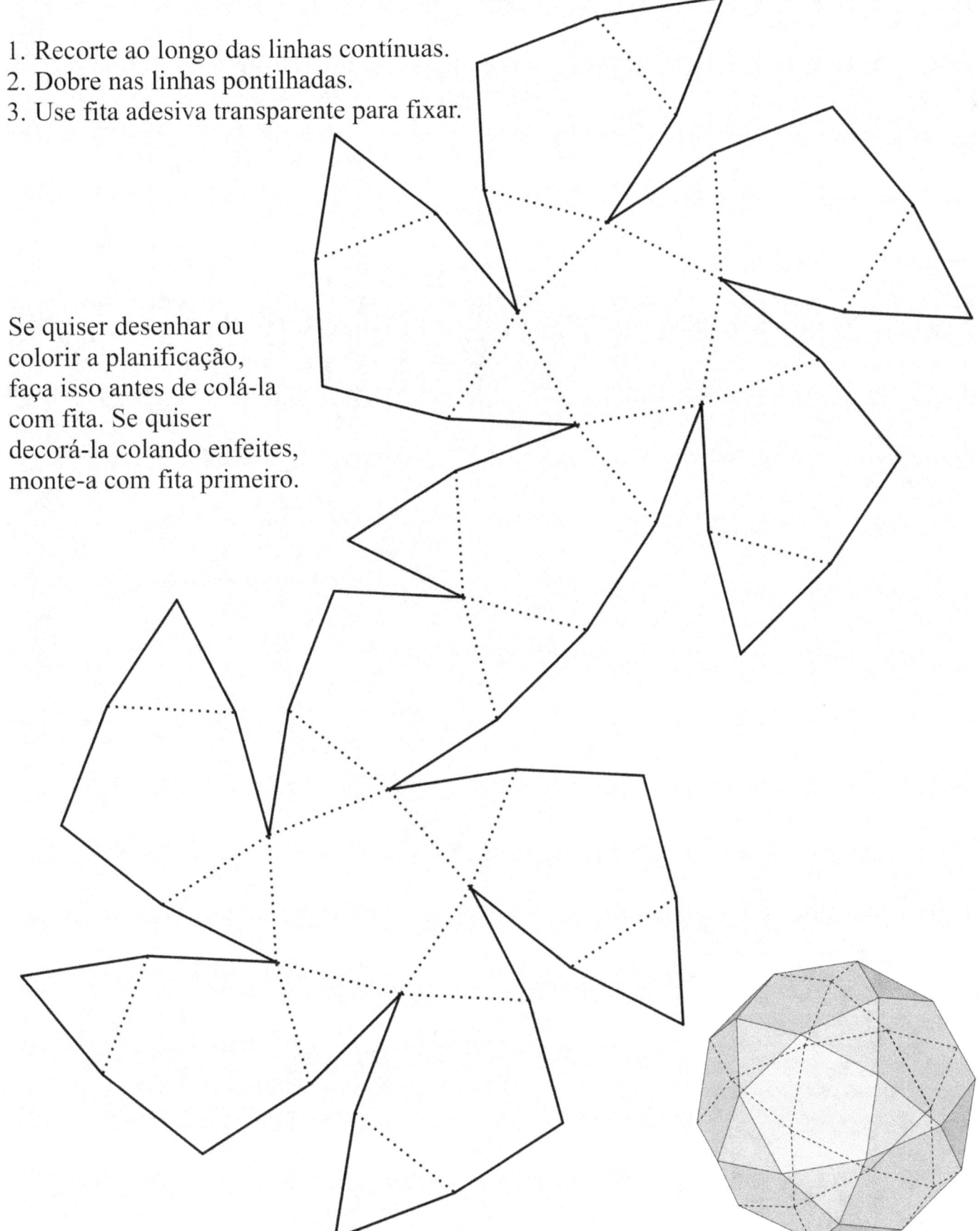

Planificações de poliedros - Livro de projetos por David E. McAdams

Pirâmide Quadrada Oblíqua

1. Recorte ao longo das linhas contínuas.
2. Dobre nas linhas pontilhadas.
3. Use fita adesiva transparente para fixar.

Se quiser desenhar ou colorir a planificação, faça isso antes de colá-la com fita. Se quiser decorá-la colando enfeites, monte-a com fita primeiro.

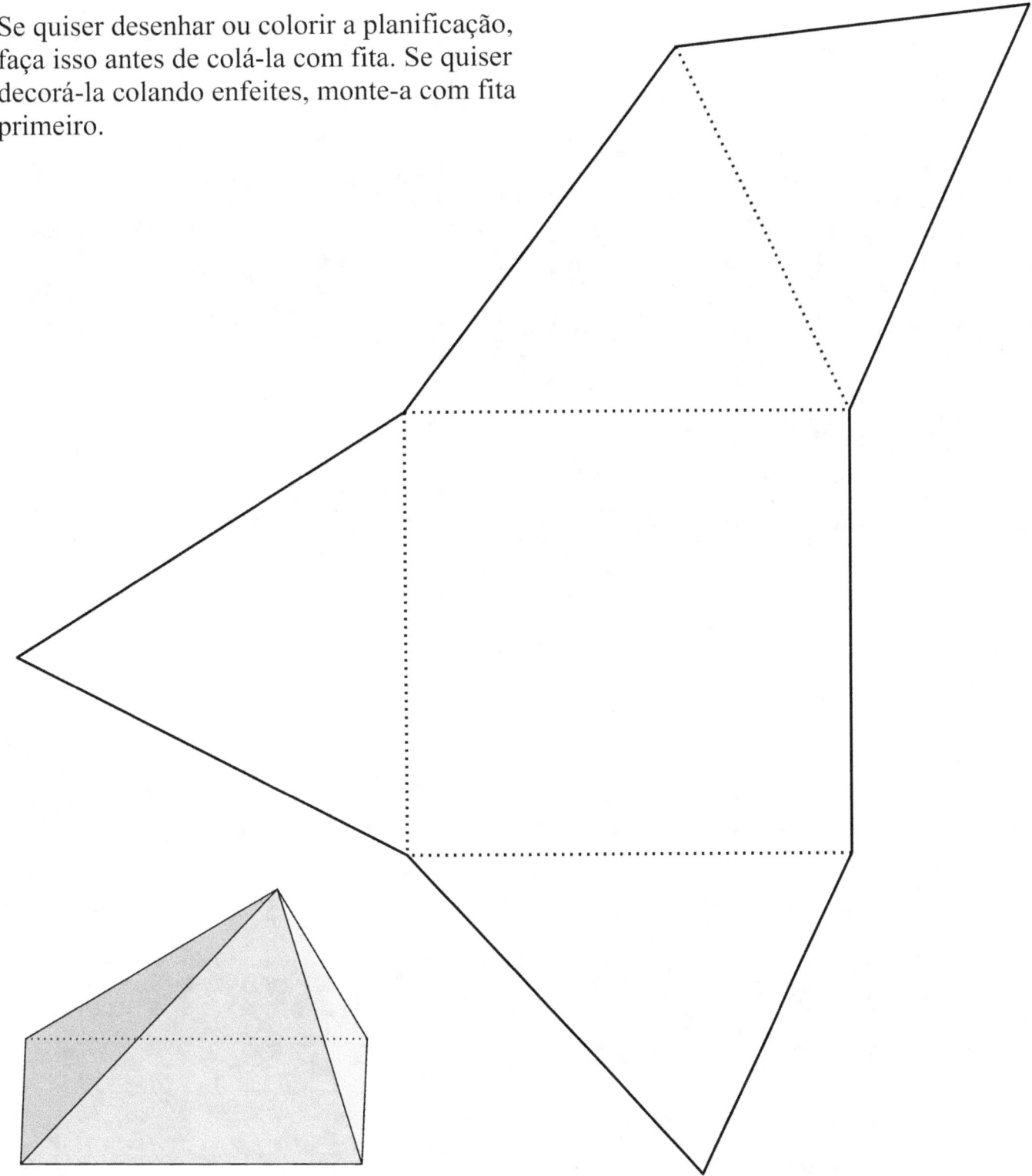

Antiprisma Octogonal

1. Recorte ao longo das linhas contínuas.
2. Dobre nas linhas pontilhadas.
3. Use fita adesiva transparente para fixar.

Se quiser desenhar ou colorir a planificação, faça isso antes de colá-la com fita. Se quiser decorá-la colando enfeites, monte-a com fita primeiro.

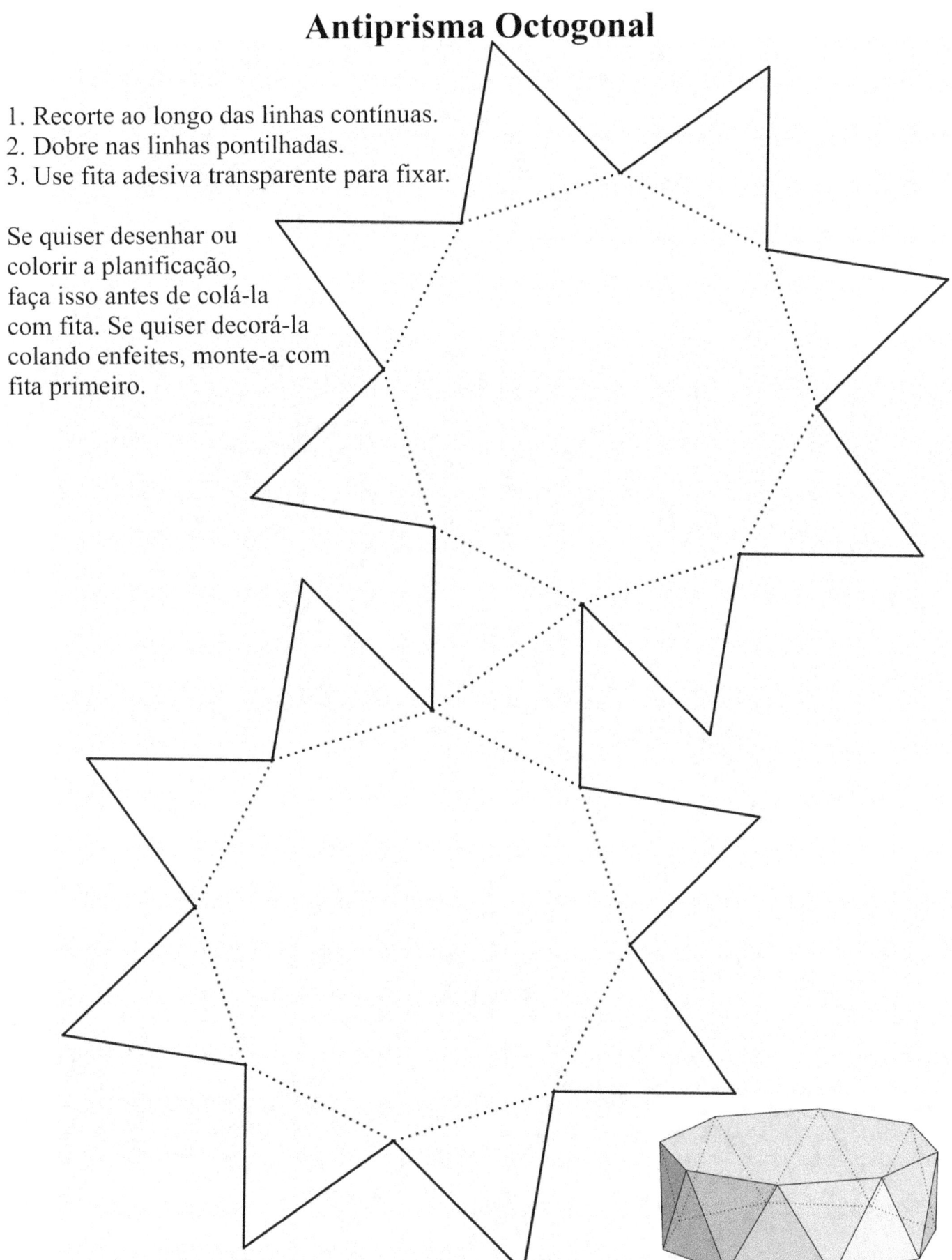

Planificações de poliedros - Livro de projetos por David E. McAdams
Direitos autorais 2025. Pode ser copiado apenas para uso educacional incidental e não comercial.

Octaedro Regular

1. Recorte ao longo das linhas contínuas.
2. Dobre nas linhas pontilhadas.
3. Use fita adesiva transparente para fixar.

Se quiser desenhar ou colorir a planificação, faça isso antes de colá-la com fita. Se quiser decorá-la colando enfeites, monte-a com fita primeiro.

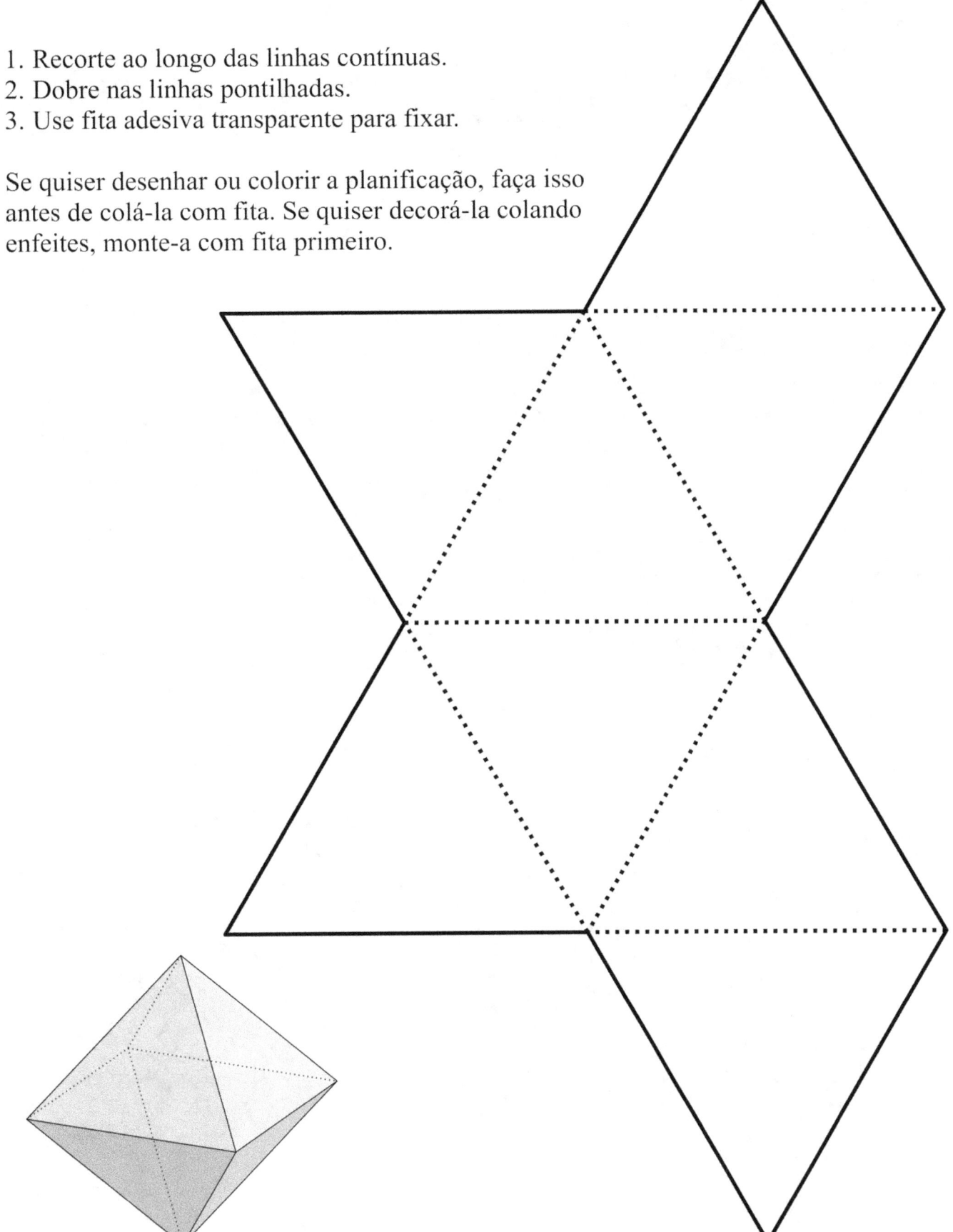

Planificações de poliedros - Livro de projetos por David E. McAdams
Direitos autorais 2025. Pode ser copiado apenas para uso educacional incidental e não comercial.

Antiprisma Pentagonal

1. Recorte ao longo das linhas contínuas.
2. Dobre nas linhas pontilhadas.
3. Use fita adesiva transparente para fixar.

Se quiser desenhar ou colorir a planificação, faça isso antes de colá-la com fita. Se quiser decorá-la colando enfeites, monte-a com fita primeiro.

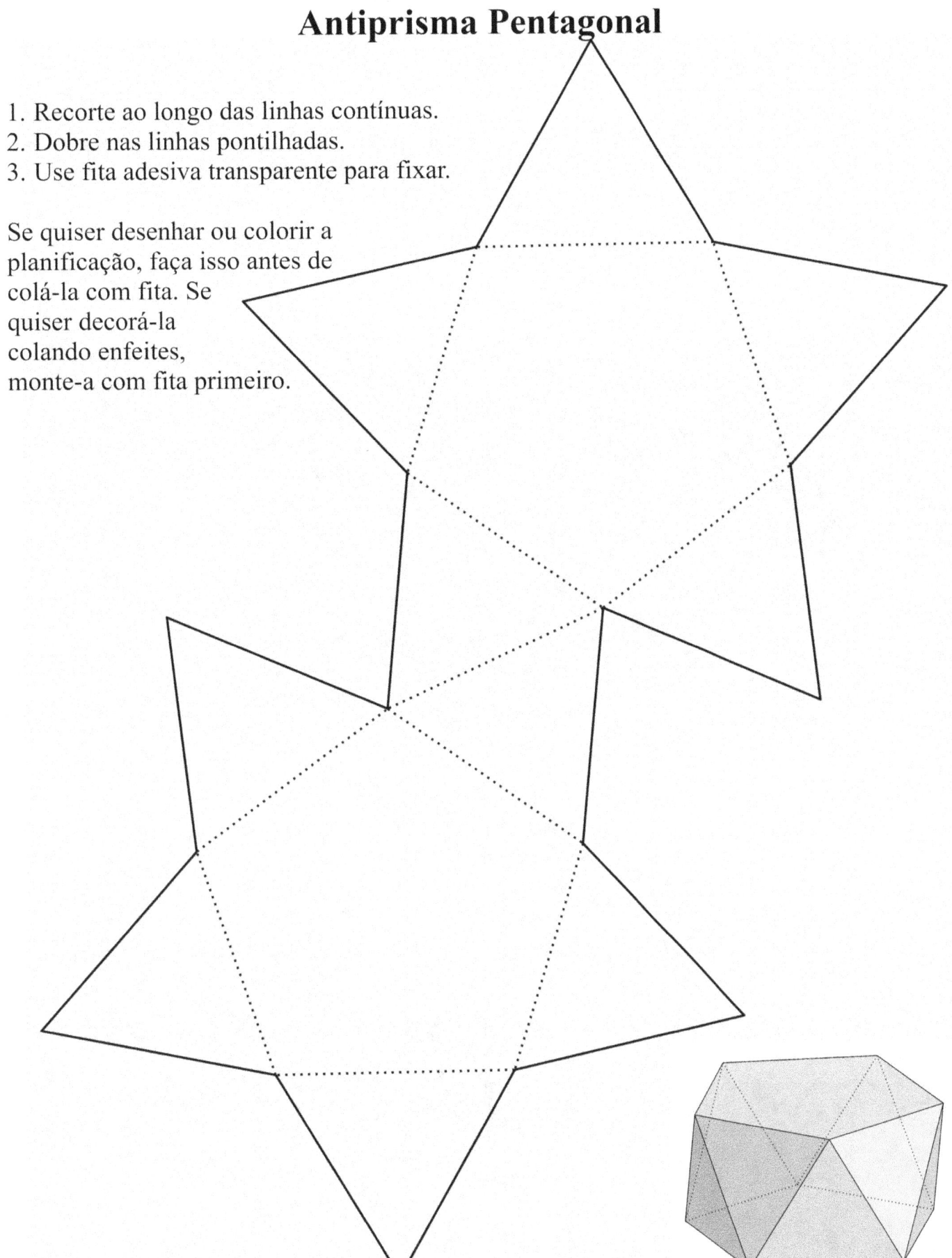

Cúpula Pentagonal

1. Recorte ao longo das linhas contínuas.
2. Dobre nas linhas pontilhadas.
3. Use fita adesiva transparente para fixar.

Se quiser desenhar ou colorir a planificação, faça isso antes de colá-la com fita. Se quiser decorá-la colando enfeites, monte-a com fita primeiro.

Planificações de poliedros - Livro de projetos por David E. McAdams
Direitos autorais 2025. Pode ser copiado apenas para uso educacional incidental e não comercial.

Bipirâmide Pentagonal

1. Recorte ao longo das linhas contínuas.
2. Dobre nas linhas pontilhadas.
3. Use fita adesiva transparente para fixar.

Se quiser desenhar ou colorir a planificação, faça isso antes de colá-la com fita. Se quiser decorá-la colando enfeites, monte-a com fita primeiro.

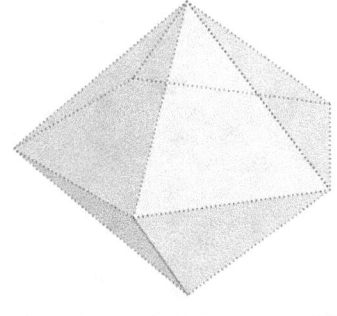

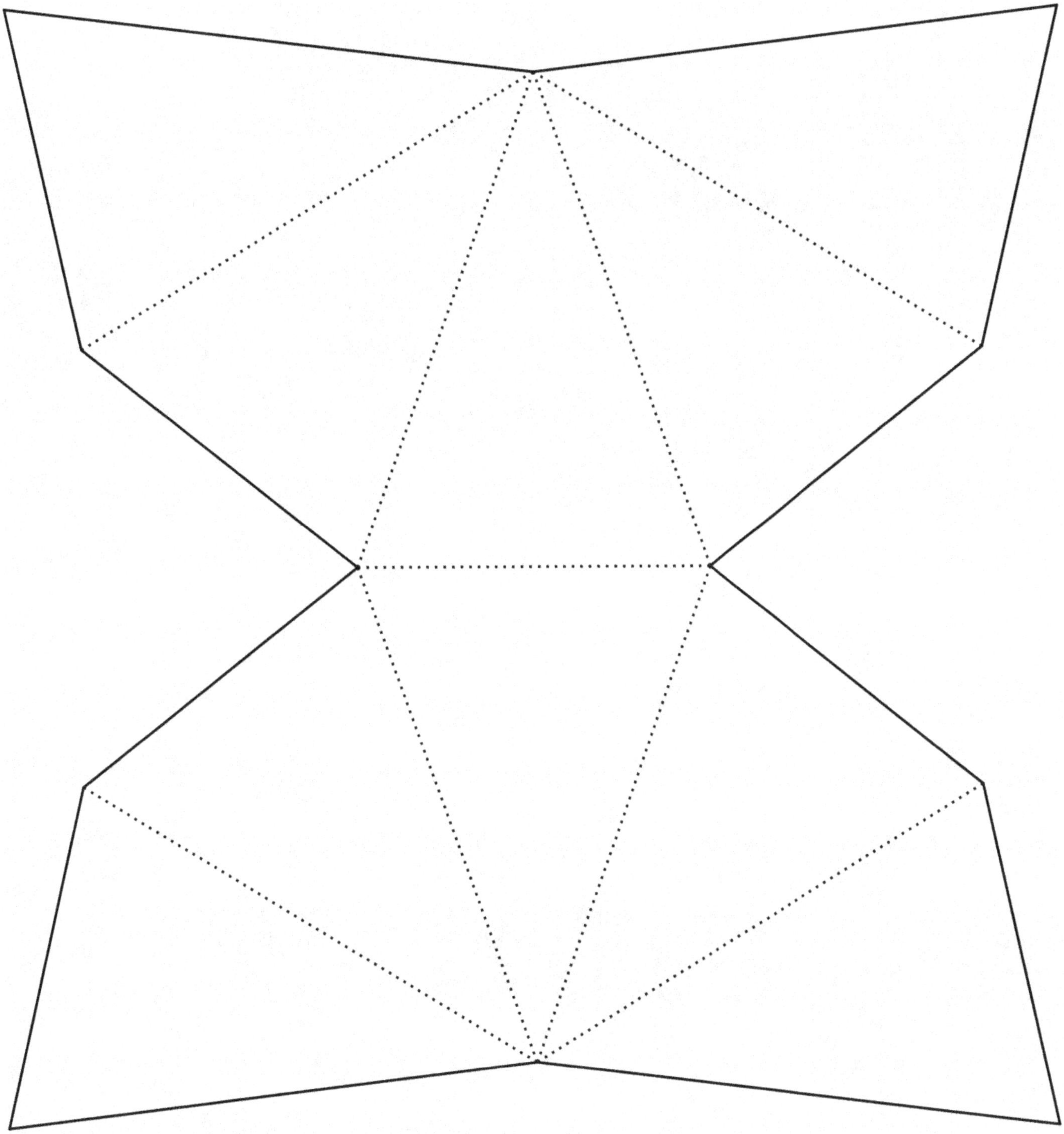

Prisma Pentagonal

1. Recorte ao longo das linhas contínuas.
2. Dobre nas linhas pontilhadas.
3. Use fita adesiva transparente para fixar.

Se quiser desenhar ou colorir a planificação, faça isso antes de colá-la com fita. Se quiser decorá-la colando enfeites, monte-a com fita primeiro.

Pirâmide Pentagonal

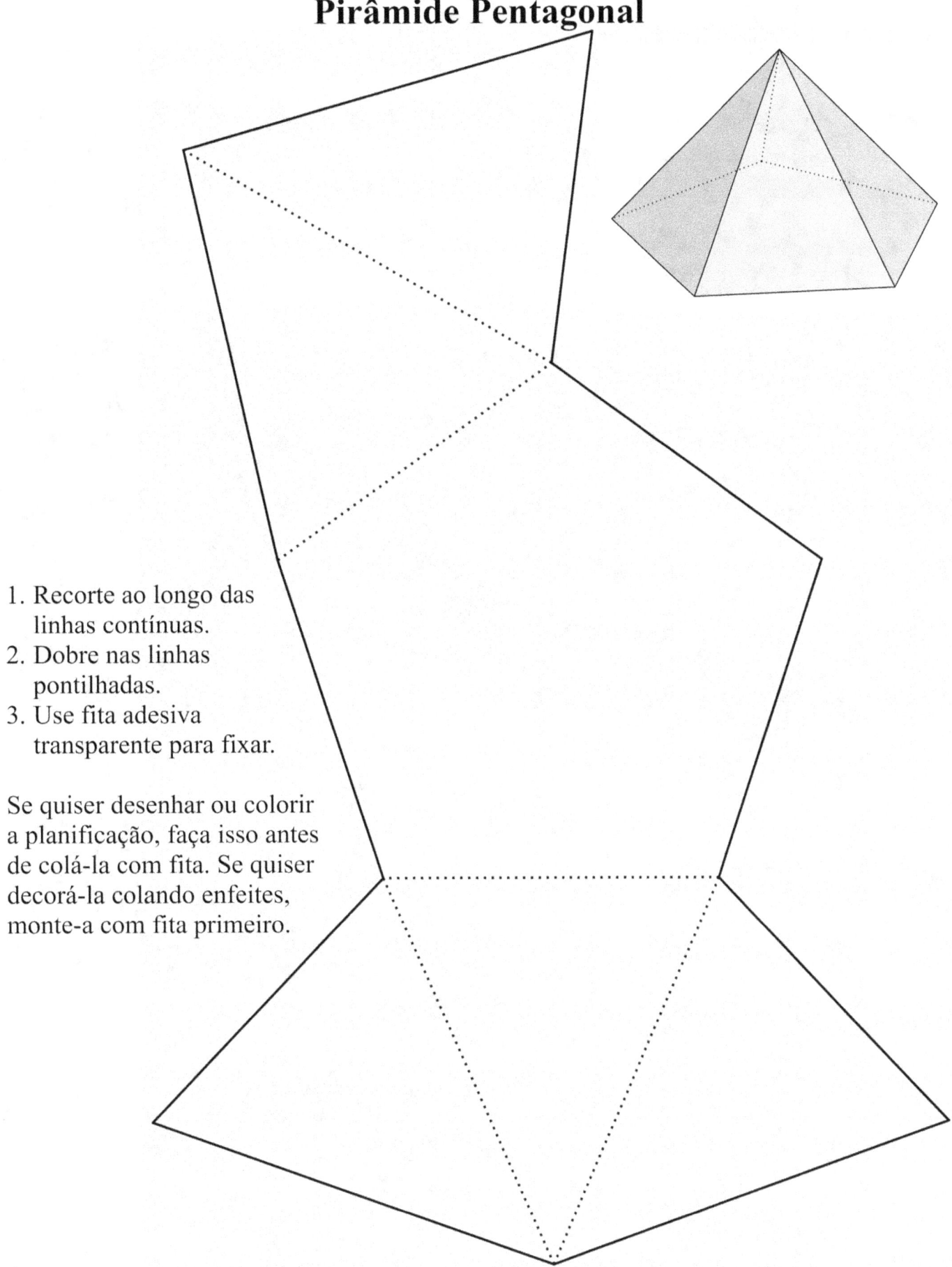

1. Recorte ao longo das linhas contínuas.
2. Dobre nas linhas pontilhadas.
3. Use fita adesiva transparente para fixar.

Se quiser desenhar ou colorir a planificação, faça isso antes de colá-la com fita. Se quiser decorá-la colando enfeites, monte-a com fita primeiro.

Rotunda Pentagonal

1. Recorte ao longo das linhas contínuas.
2. Dobre nas linhas pontilhadas.
3. Use fita adesiva transparente para fixar.

Se quiser desenhar ou colorir a planificação, faça isso antes de colá-la com fita. Se quiser decorá-la colando enfeites, monte-a com fita primeiro.

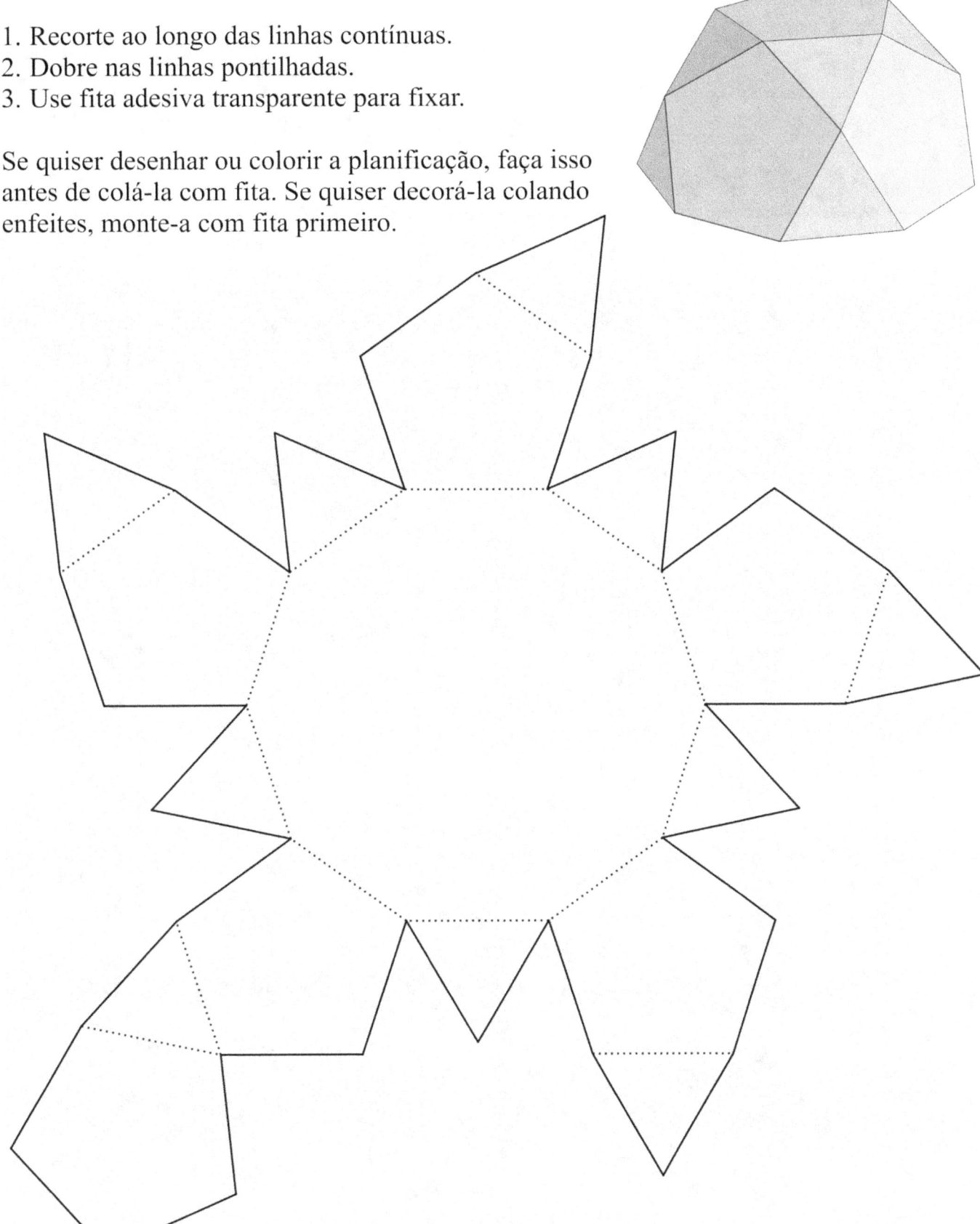

Prisma Pentagramado

1. Recorte ao longo das linhas contínuas.
2. Dobre nas linhas pontilhadas.
3. Use fita adesiva transparente para fixar.

Se quiser desenhar ou colorir a planificação, faça isso antes de colá-la com fita. Se quiser decorá-la colando enfeites, monte-a com fita primeiro.

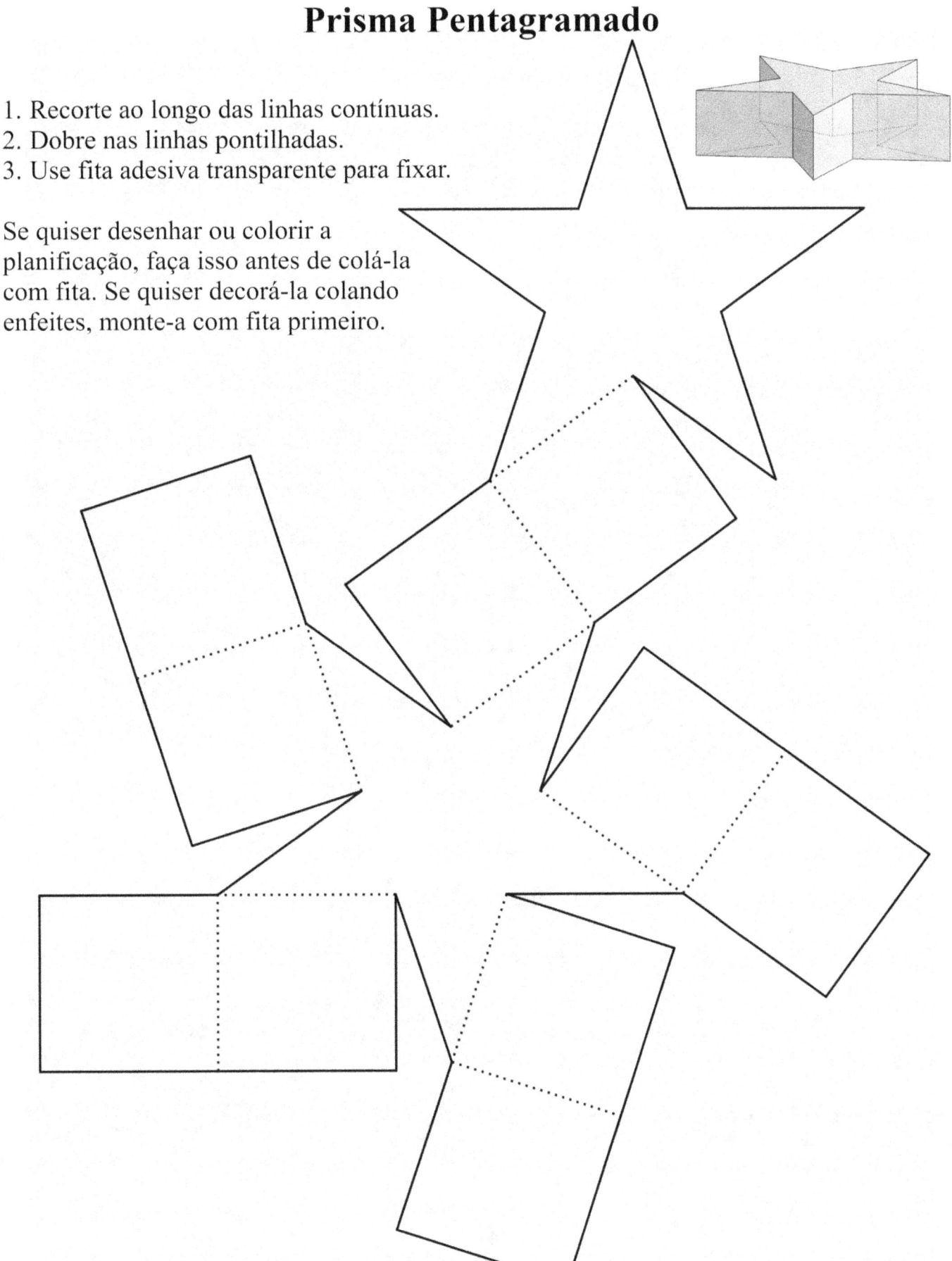

Pirâmide Retangular

1. Recorte ao longo das linhas contínuas.
2. Dobre nas linhas pontilhadas.
3. Use fita adesiva transparente para fixar.

Se quiser desenhar ou colorir a planificação, faça isso antes de colá-la com fita. Se quiser decorá-la colando enfeites, monte-a com fita primeiro.

Planificações de pôliedros - Livro de projetos por David E. McAdams
Direitos autorais 2025. Pode ser copiado apenas para uso educacional incidental e não comercial.

Prisma Rómbico

1. Recorte ao longo das linhas contínuas.
2. Dobre nas linhas pontilhadas.
3. Use fita adesiva transparente para fixar.

Se quiser desenhar ou colorir a planificação, faça isso antes de colá-la com fita. Se quiser decorá-la colando enfeites, monte-a com fita primeiro.

Planificações de poliedros - Livro de projetos por David E. McAdams

Rombicuboctaedro

1. Recorte ao longo das linhas contínuas.
2. Dobre nas linhas pontilhadas.
3. Use fita adesiva transparente para fixar.

Se quiser desenhar ou colorir a planificação, faça isso antes de colá-la com fita. Se quiser decorá-la colando enfeites, monte-a com fita primeiro.

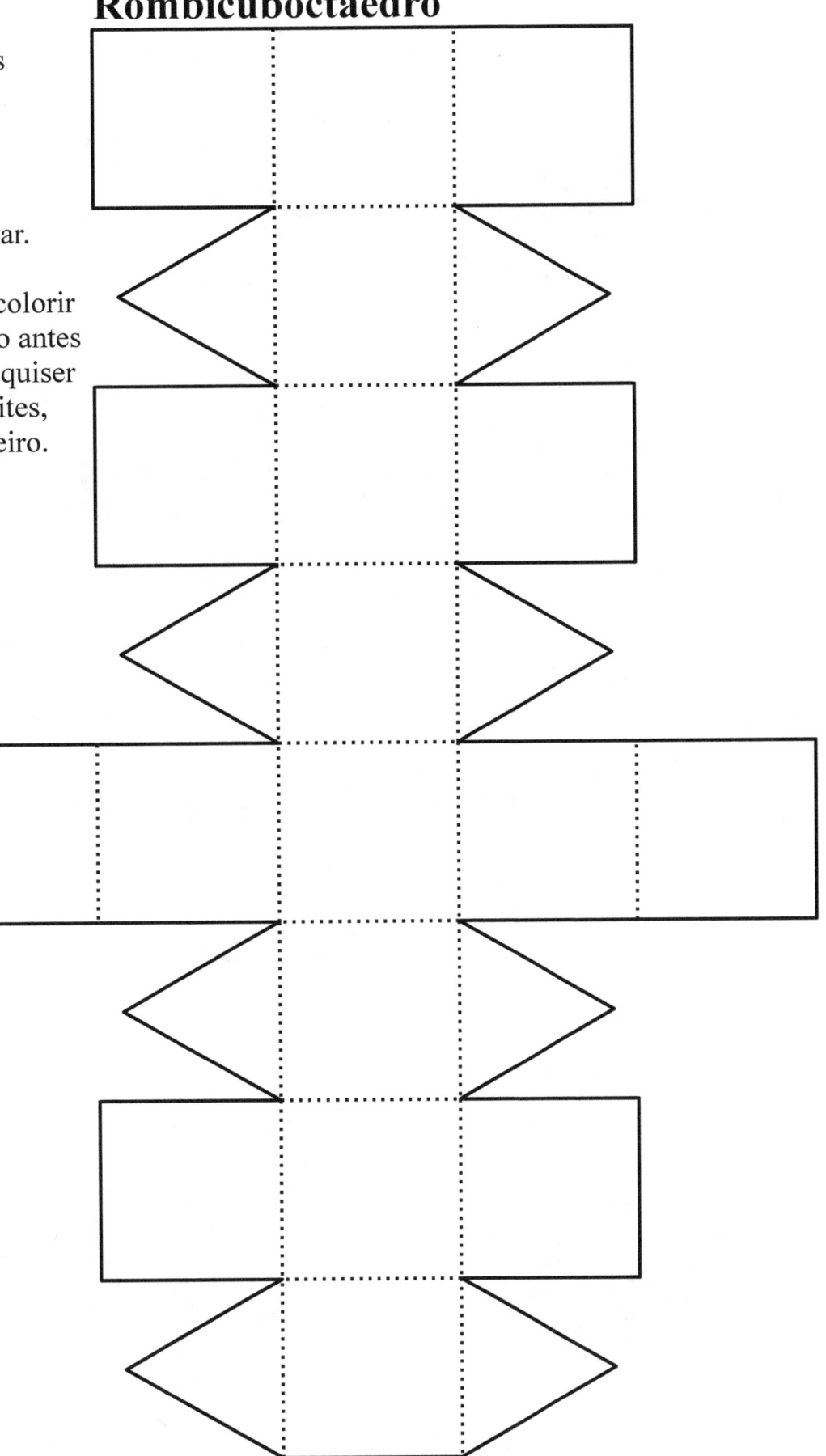

Pequeno Rombidodecaedro

1. Esta é uma planificação de poliedro em duas partes. Metade está nesta página e a outra metade na próxima.
2. Recorte ambas as partes ao longo das linhas contínuas.
3. Una as duas partes com fita adesiva no local marcado com a letra 'G'.
4. Dobre nas linhas pontilhadas.
5. Use fita adesiva transparente para fixar.

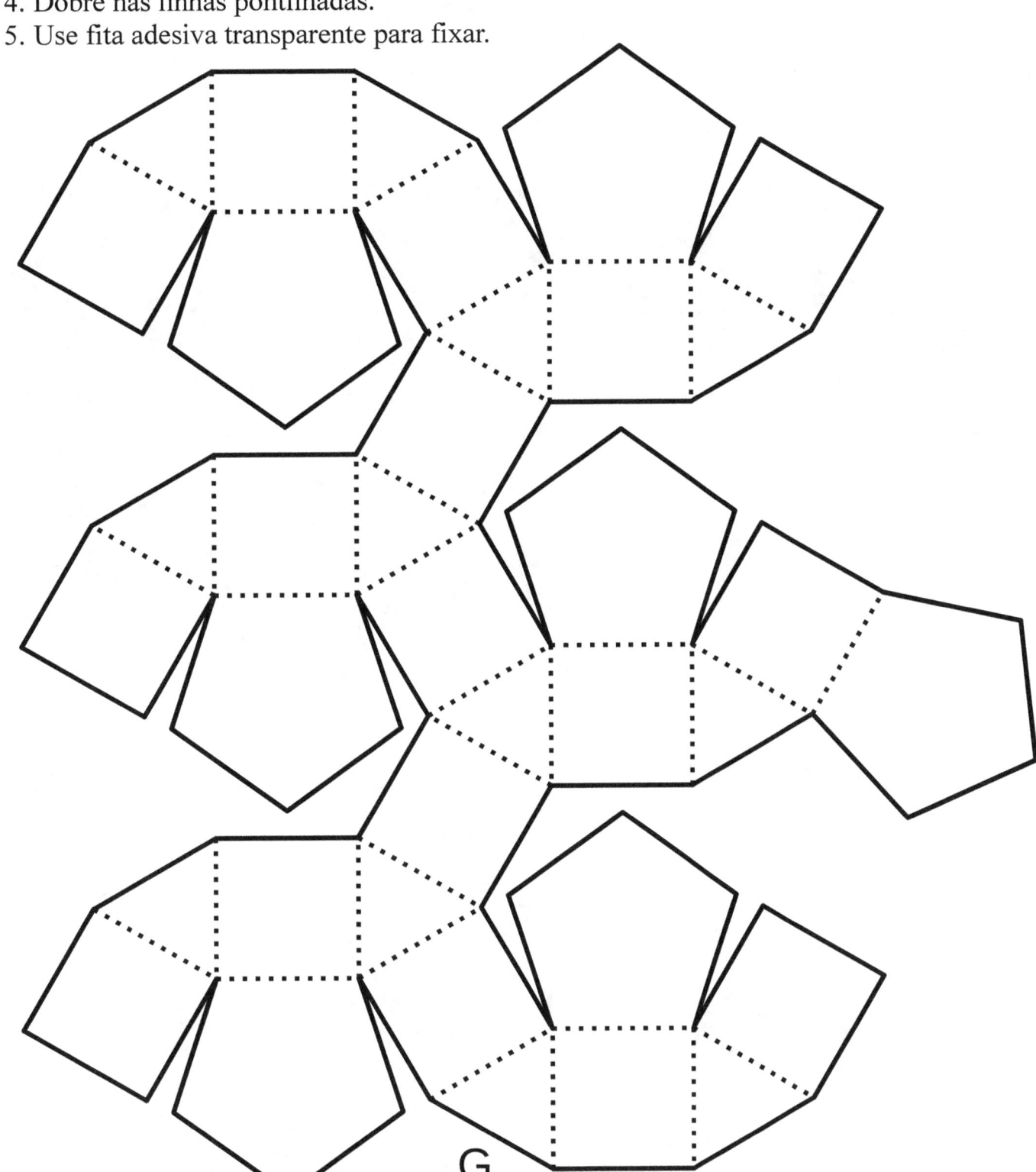

Se quiser desenhar ou colorir a planificação, faça isso antes de colá-la. Se quiser decorá-la colando enfeites, monte-a com fita primeiro.

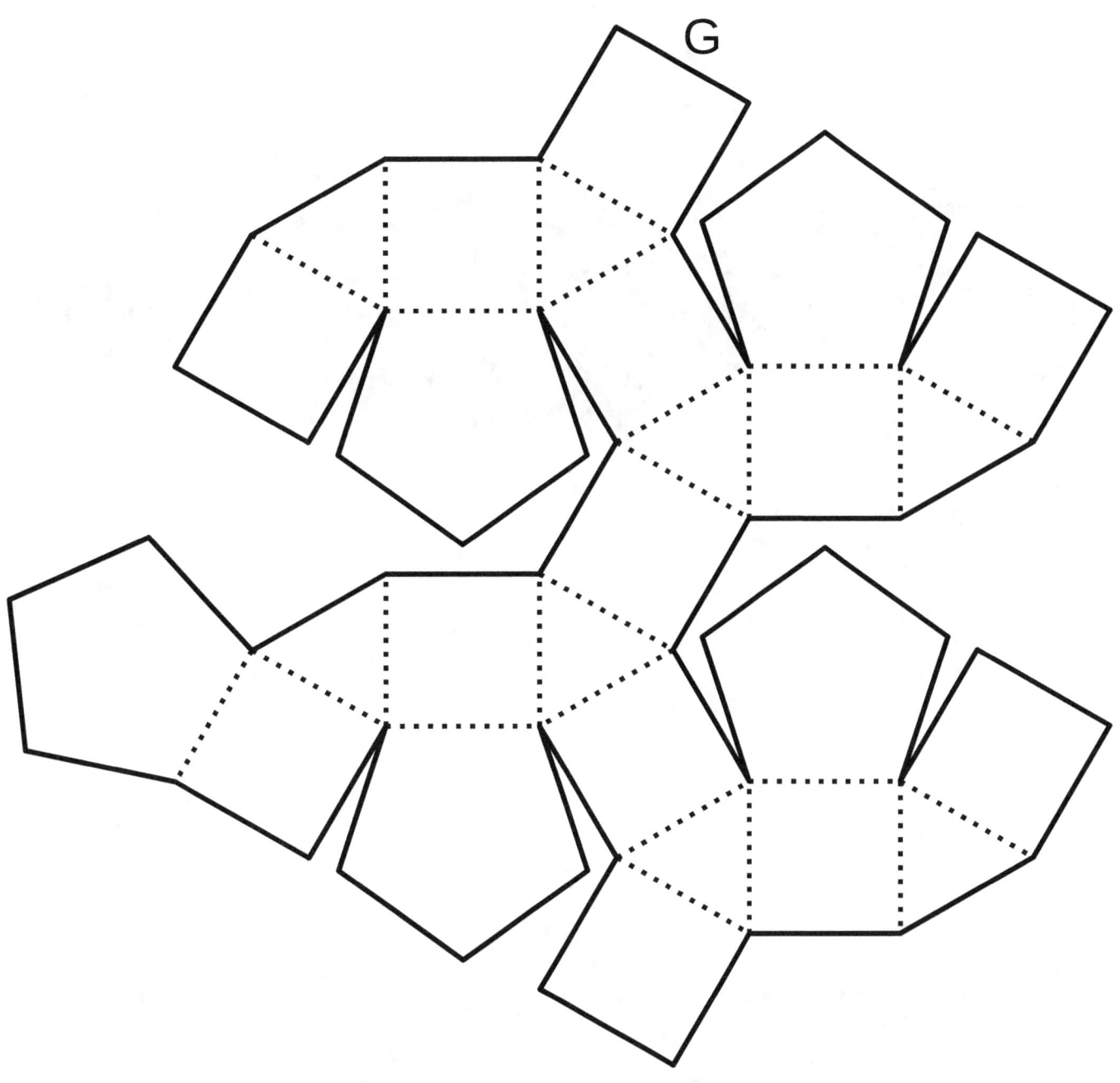

Pequeno Dodecaedro Estrelado

1. Esta é uma planificação de poliedro em duas partes. Metade está nesta página e a outra metade na próxima.
2. Recorte ambas as partes ao longo das linhas contínuas.
3. Una as duas partes com fita adesiva no local marcado com a letra 'A'.
4. Dobre nas linhas pontilhadas.
5. Dobre para trás nas linhas tracejadas.
6. Use fita adesiva transparente para fixar.

Se quiser desenhar ou colorir a planificação, faça isso antes de colá-la. Se quiser decorá-la colando enfeites, monte-a com fita primeiro.

A

Planificações de poliedros - Livro de projetos por David E. McAdams
Direitos autorais 2025. Pode ser copiado apenas para uso educacional incidental e não comercial.

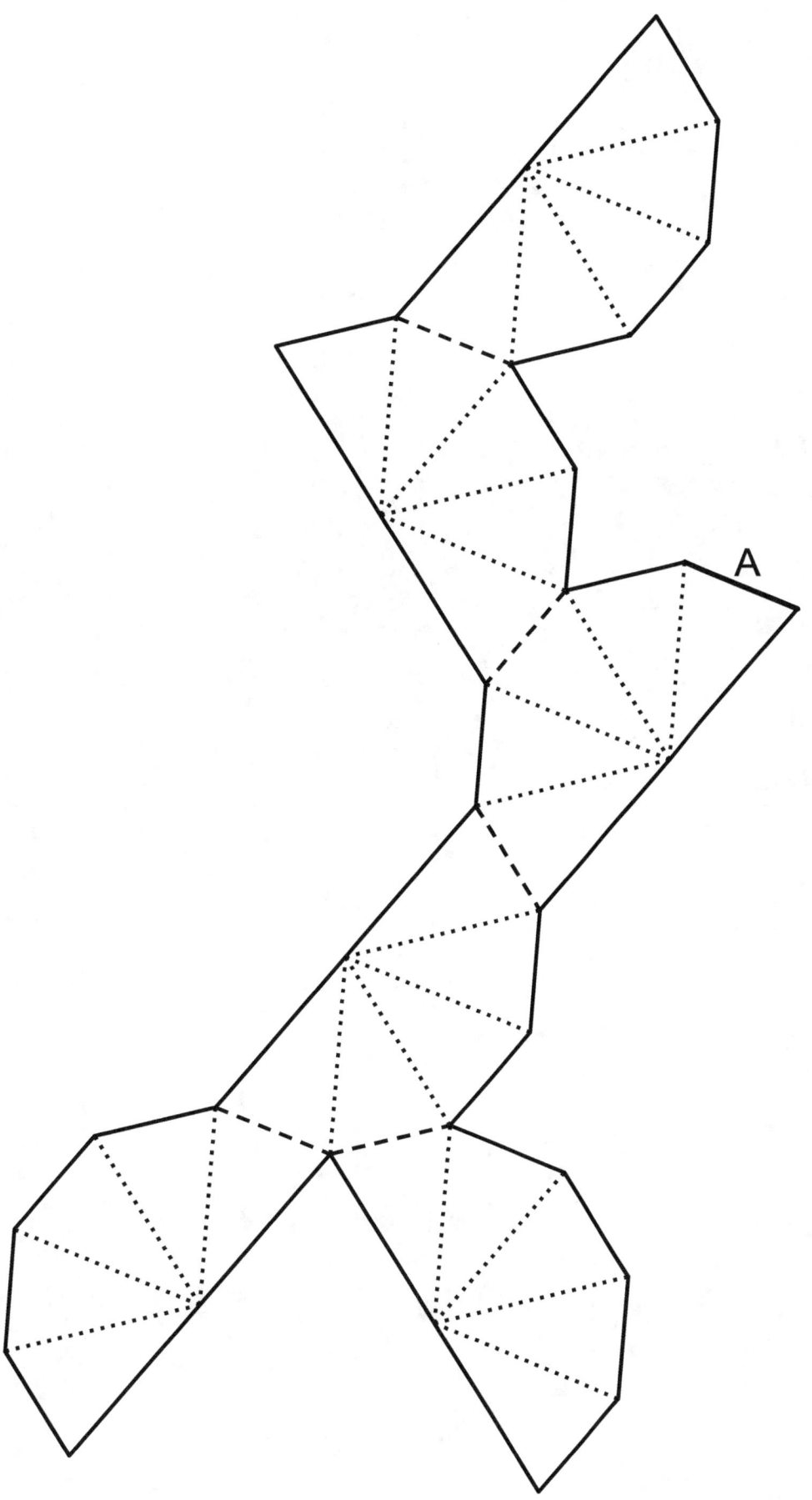

Cubo Snub

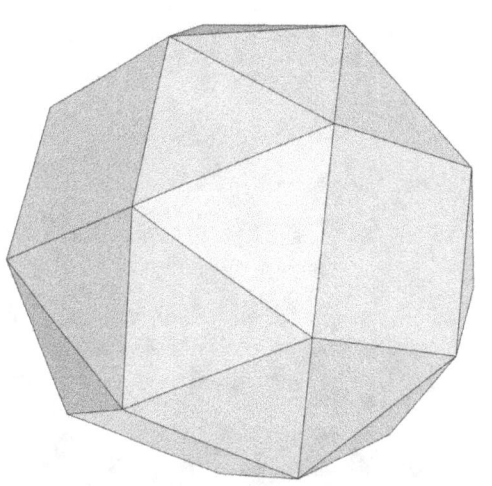

1. Esta é uma planificação de poliedro em duas partes. Metade está nesta página e a outra metade na próxima.
2. Recorte ambas as partes ao longo das linhas contínuas.
3. Una as duas partes com fita adesiva no local marcado com a letra 'A'.
4. Dobre nas linhas pontilhadas.
5. Use fita adesiva transparente para fixar.

Se quiser desenhar ou colorir a planificação, faça isso antes de colá-la. Se quiser decorá-la colando enfeites, monte-a com fita primeiro.

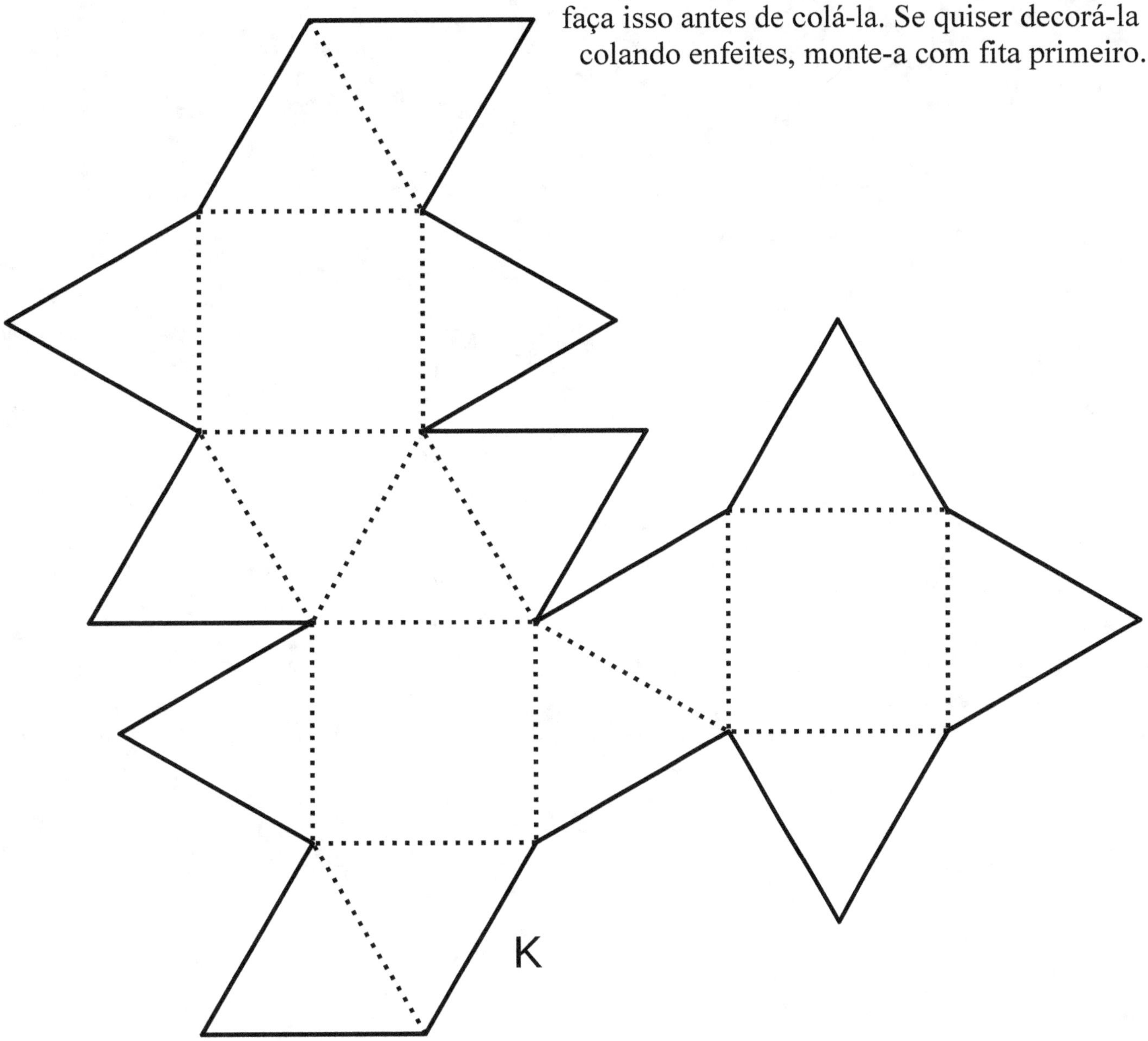

K

Planificações de poliedros - Livro de projetos por David E. McAdams

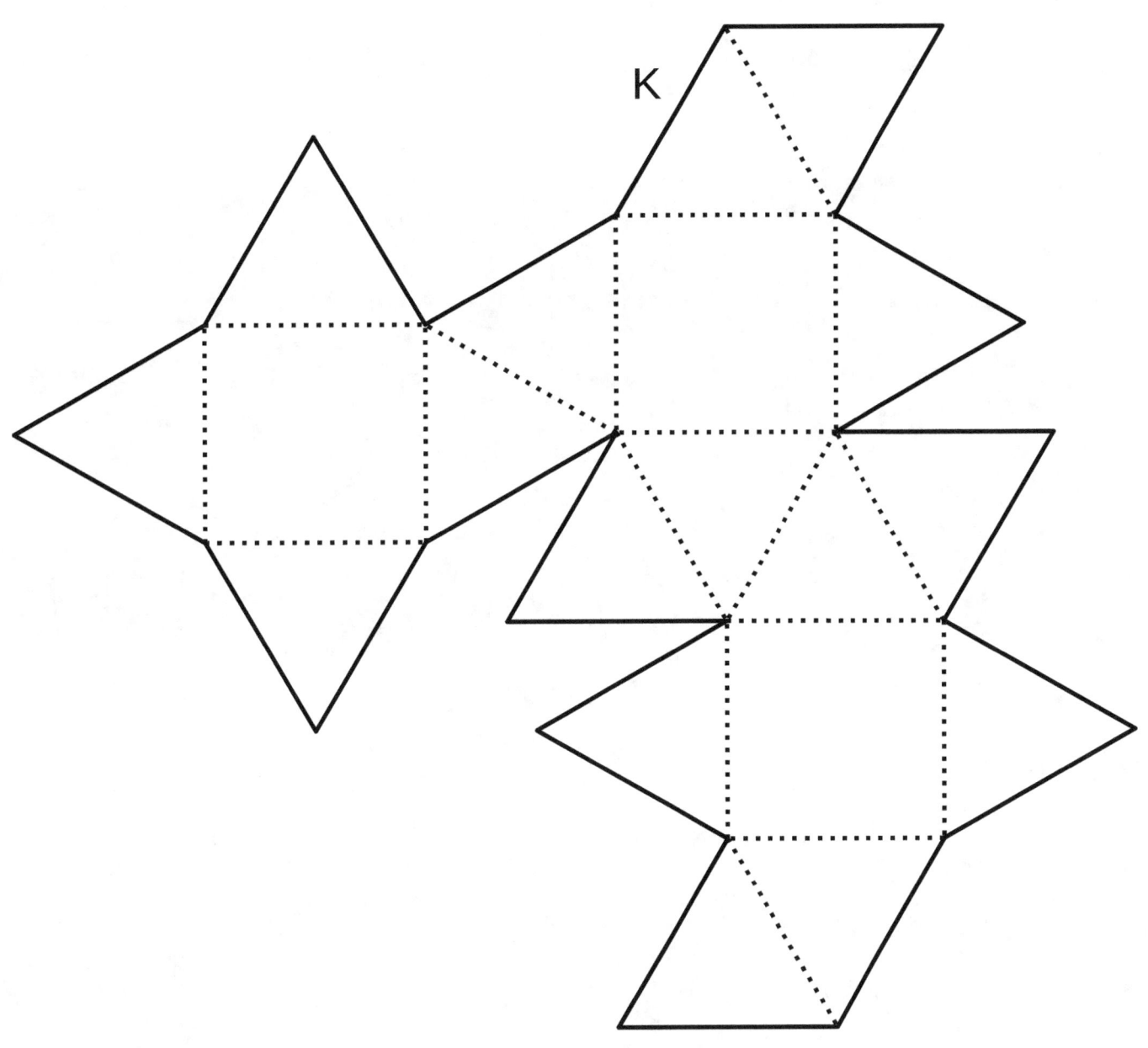

Dodecaedro Snub

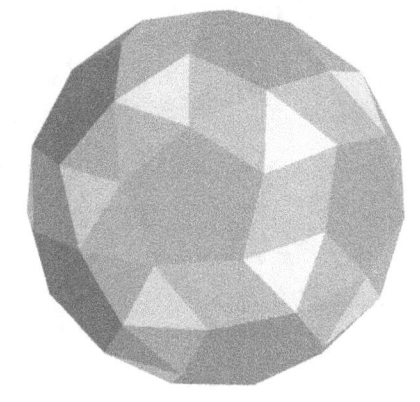

1. Esta é uma planificação de poliedro em duas partes. Metade está nesta página e a outra metade na próxima.
2. Recorte ambas as partes ao longo das linhas contínuas.
3. Una as duas partes com fita adesiva no local marcado com a letra 'Z'.
4. Dobre nas linhas pontilhadas.
5. Use fita adesiva transparente para fixar.

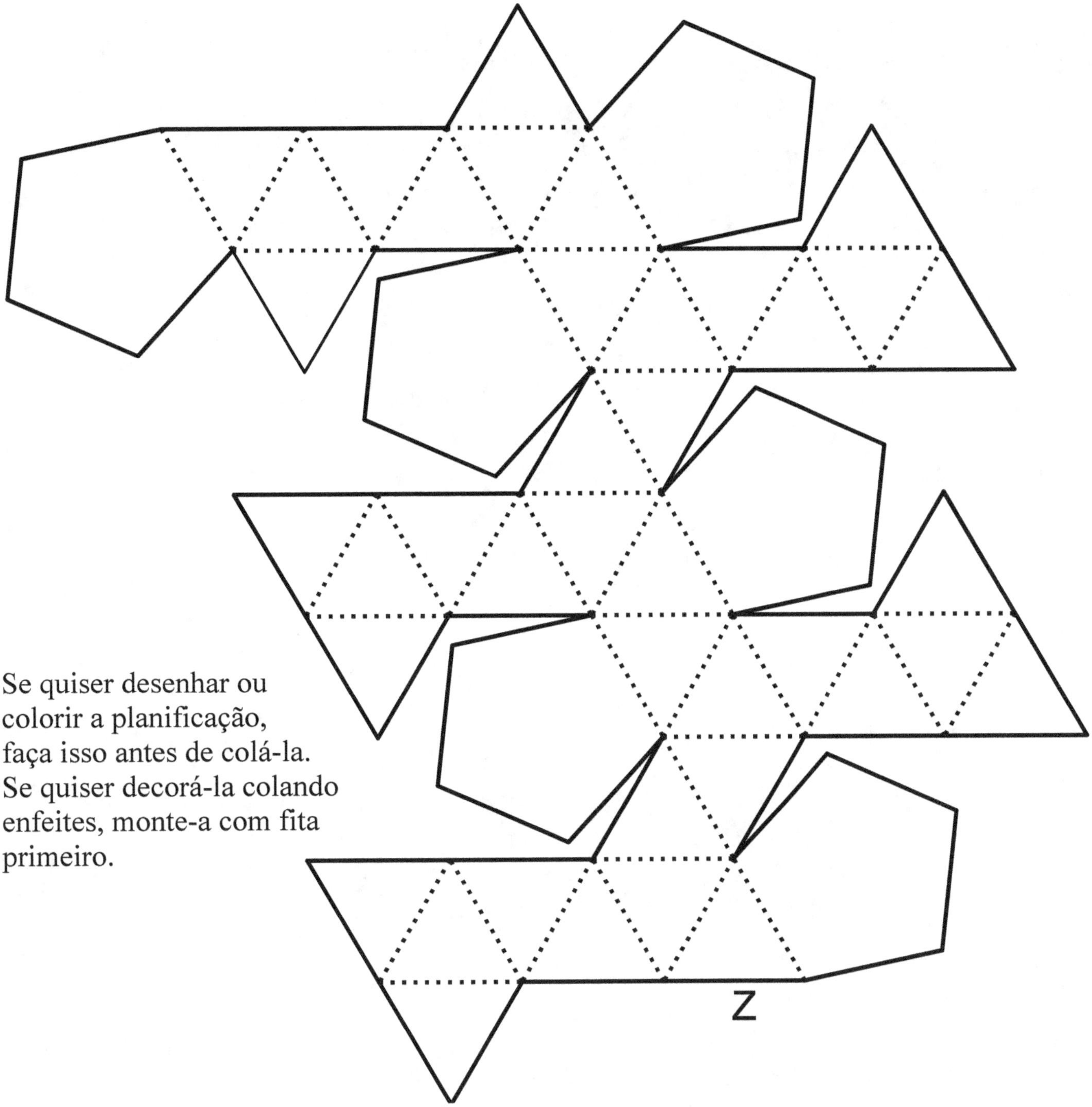

Se quiser desenhar ou colorir a planificação, faça isso antes de colá-la. Se quiser decorá-la colando enfeites, monte-a com fita primeiro.

Z

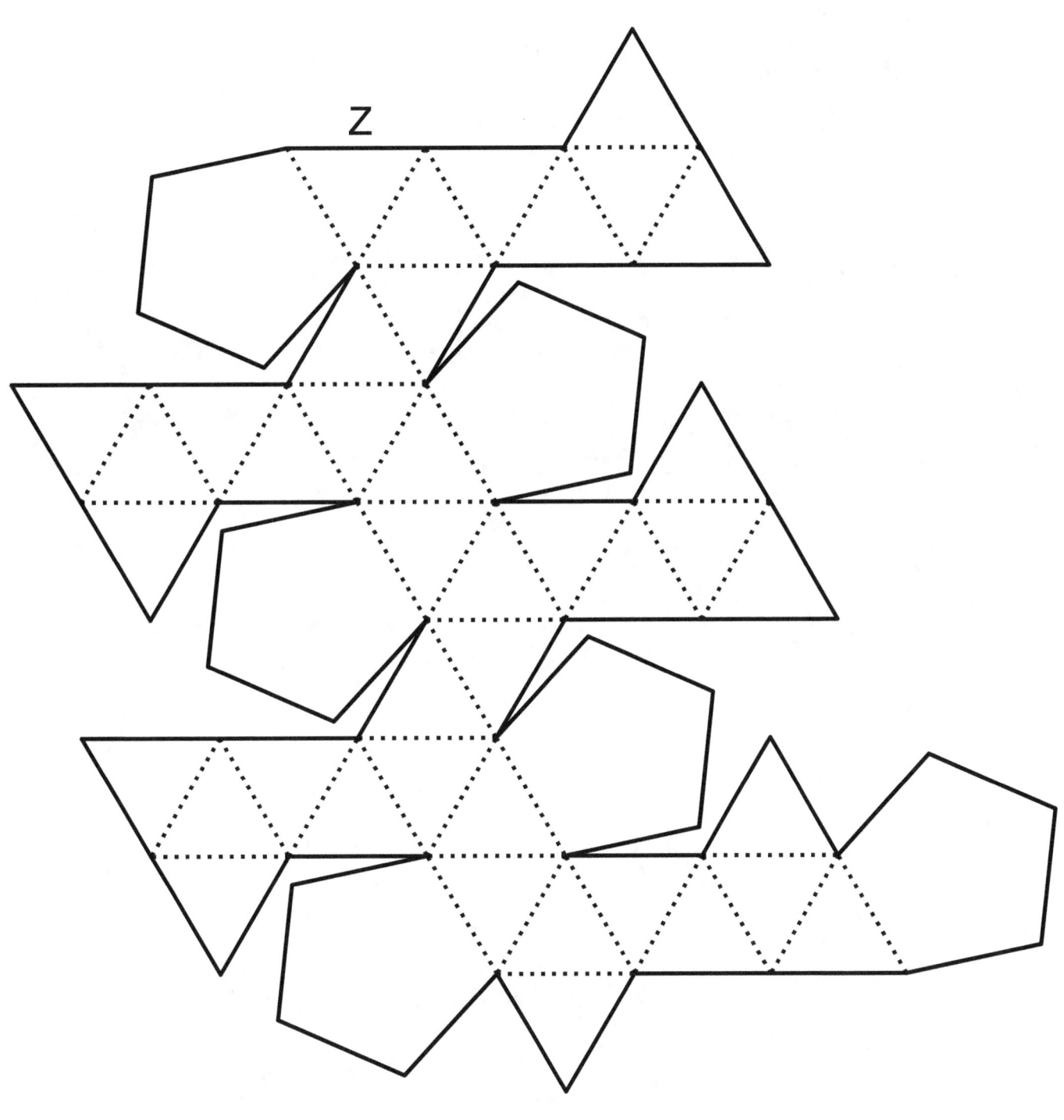

Antiprisma Quadrado

1. Recorte ao longo das linhas contínuas.
2. Dobre nas linhas pontilhadas.
3. Use fita adesiva transparente para fixar.

Se quiser desenhar ou colorir a planificação, faça isso antes de colá-la com fita. Se quiser decorá-la colando enfeites, monte-a com fita primeiro.

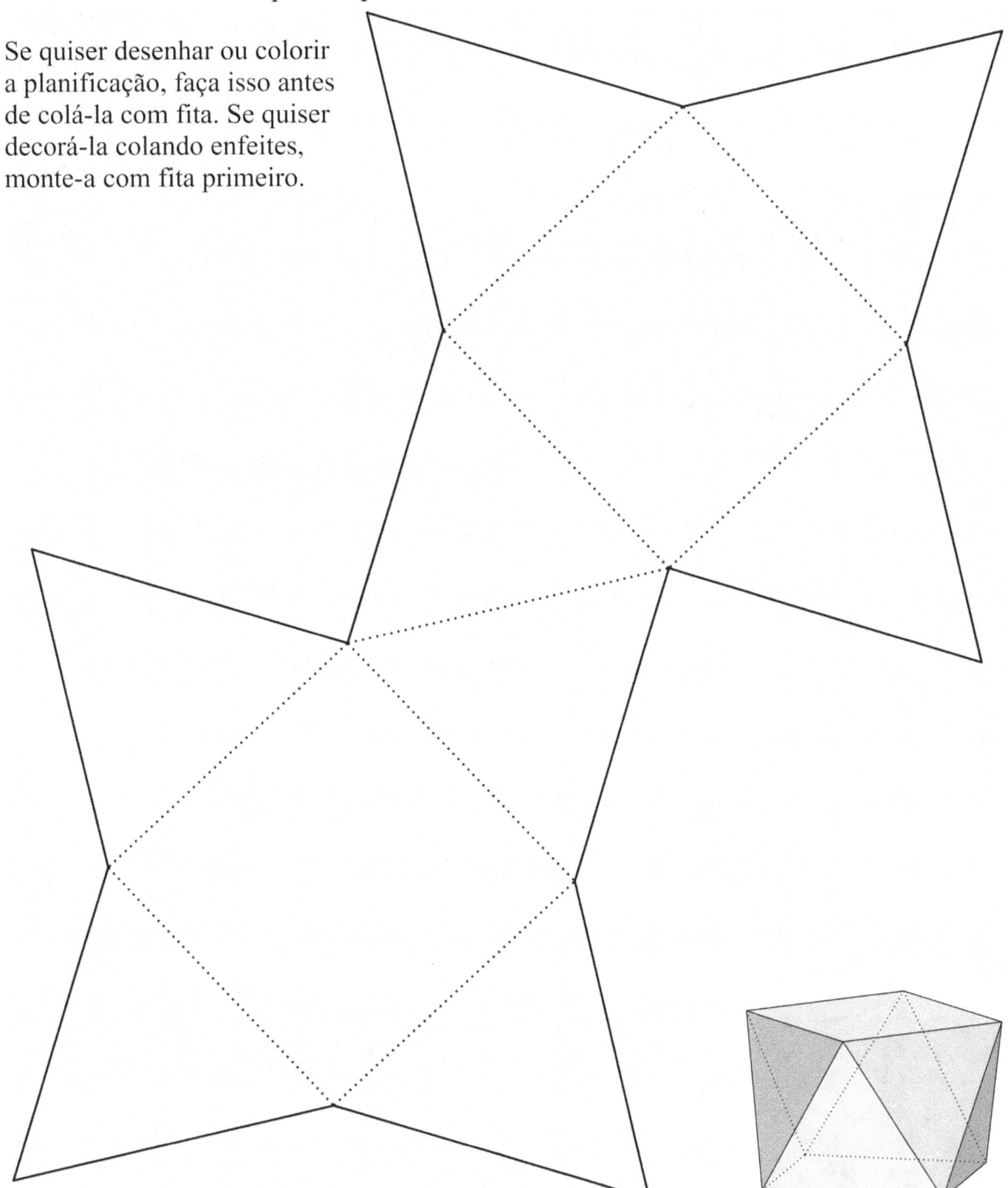

Planificações de poliedros - Livro de projetos por David E. McAdams

Cúpula Quadrada

1. Recorte ao longo das linhas contínuas.
2. Dobre nas linhas pontilhadas.
3. Use fita adesiva transparente para fixar.

Se quiser desenhar ou colorir a planificação, faça isso antes de colá-la com fita. Se quiser decorá-la colando enfeites, monte-a com fita primeiro.

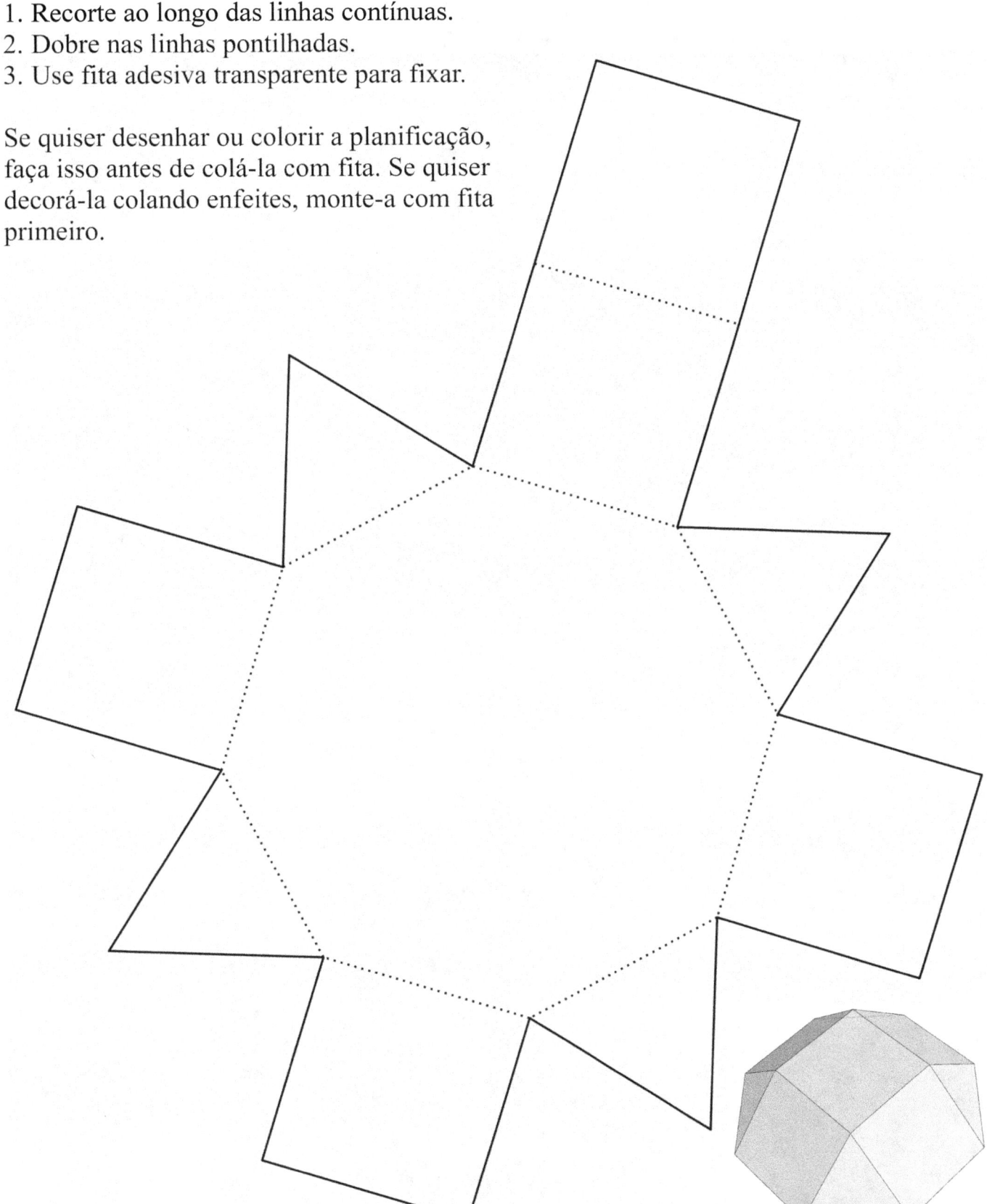

Pirâmide Quadrada

1. Recorte ao longo das linhas contínuas.
2. Dobre nas linhas pontilhadas.
3. Use fita adesiva transparente para fixar.

Se quiser desenhar ou colorir a planificação, faça isso antes de colá-la com fita. Se quiser decorá-la colando enfeites, monte-a com fita primeiro.

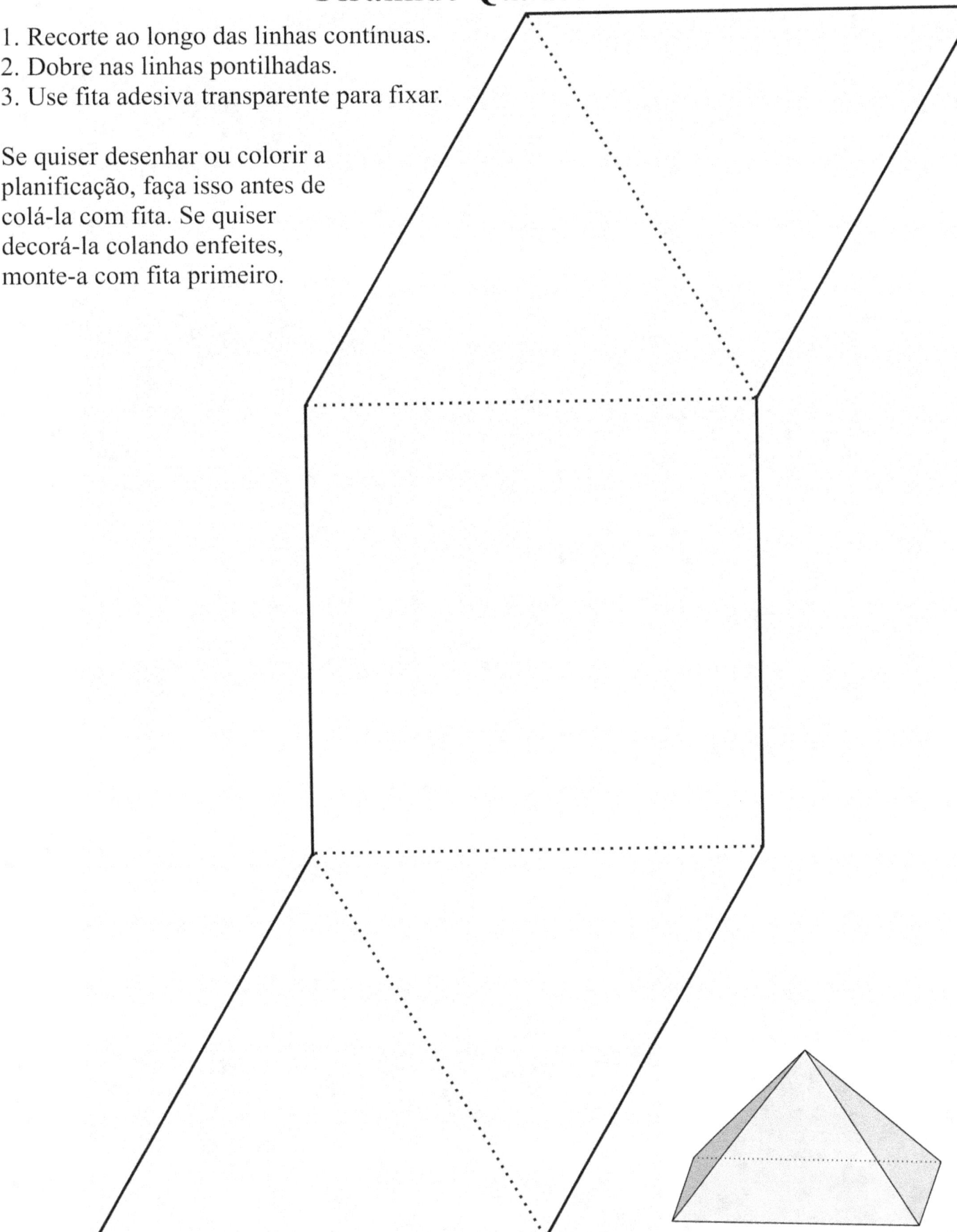

Trapezoedro Quadrado

1. Recorte ao longo das linhas contínuas.
2. Dobre nas linhas pontilhadas.
3. Use fita adesiva transparente para fixar.

Se quiser desenhar ou colorir a planificação, faça isso antes de colá-la com fita. Se quiser decorá-la colando enfeites, monte-a com fita primeiro.

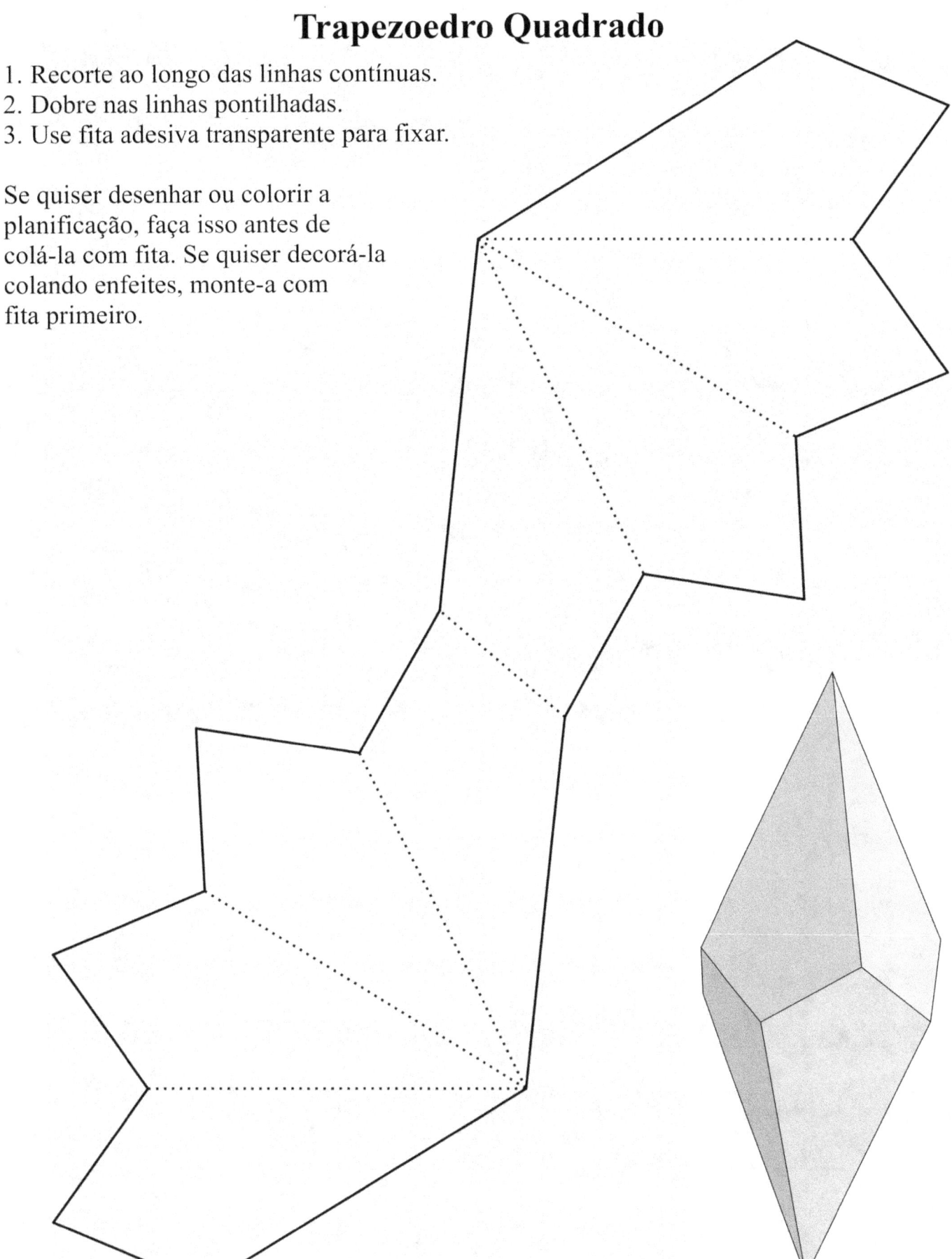

Planificações de poliedros - Livro de projetos por David E. McAdams

Octaedro Estrelado

1. Recorte ao longo das linhas contínuas.
2. Dobre nas linhas pontilhadas.
3. Dobre para trás nas linhas tracejadas.
4. Use fita adesiva transparente para fixar.

Se quiser desenhar ou colorir a planificação, faça isso antes de colá-la com fita. Se quiser decorá-la colando enfeites, monte-a com fita primeiro.

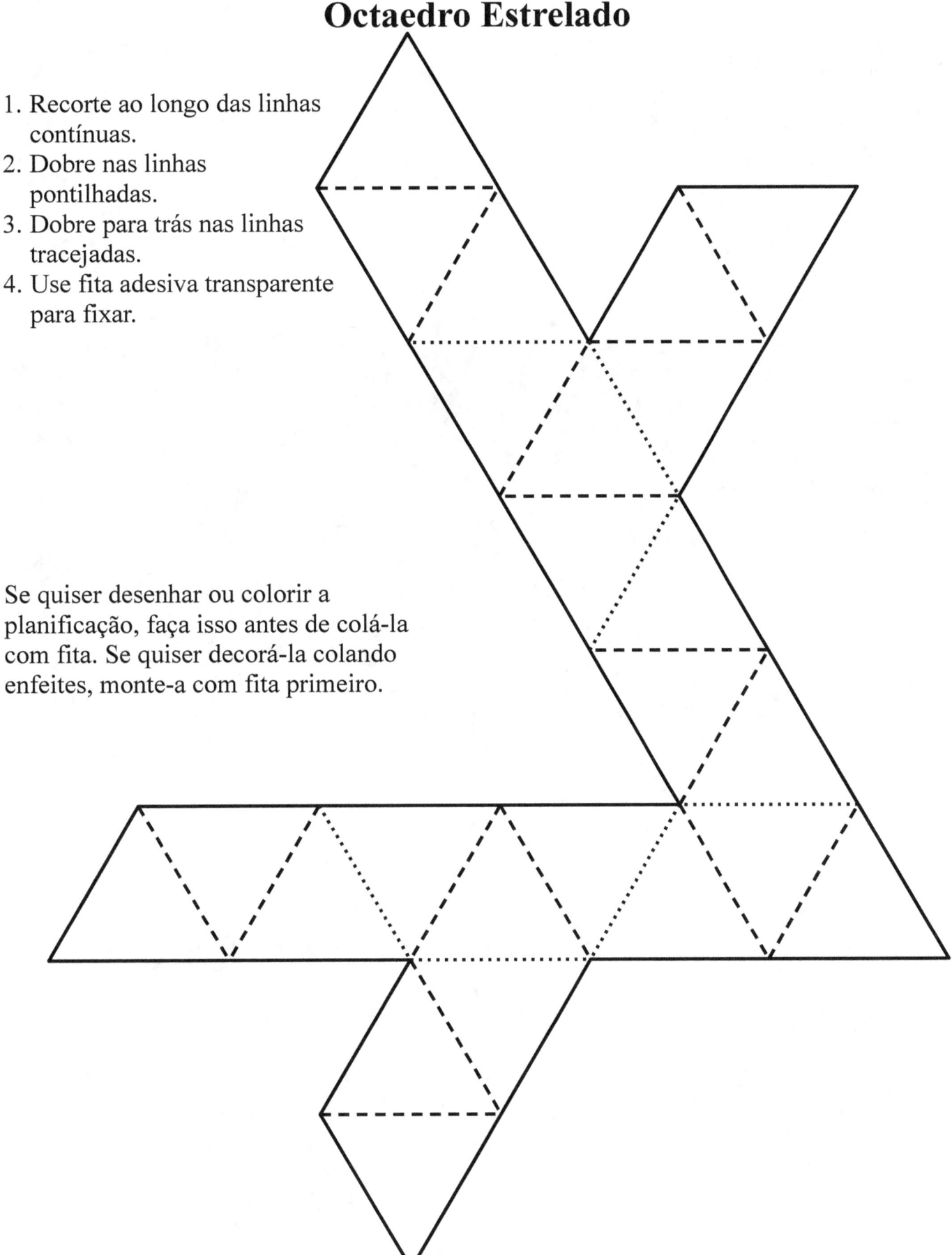

Tetraedro Regular

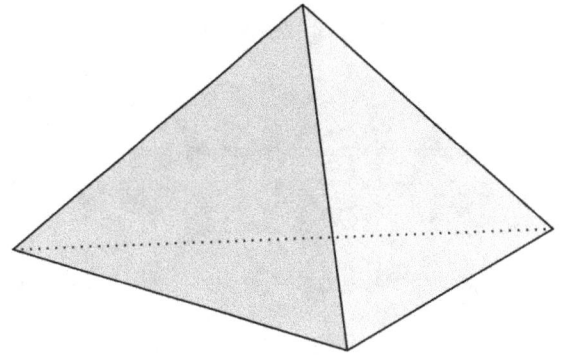

1. Recorte ao longo das linhas contínuas.
2. Dobre nas linhas pontilhadas.
3. Use fita adesiva transparente para fixar.

Se quiser desenhar ou colorir a planificação, faça isso antes de colá-la com fita. Se quiser decorá-la colando enfeites, monte-a com fita primeiro.

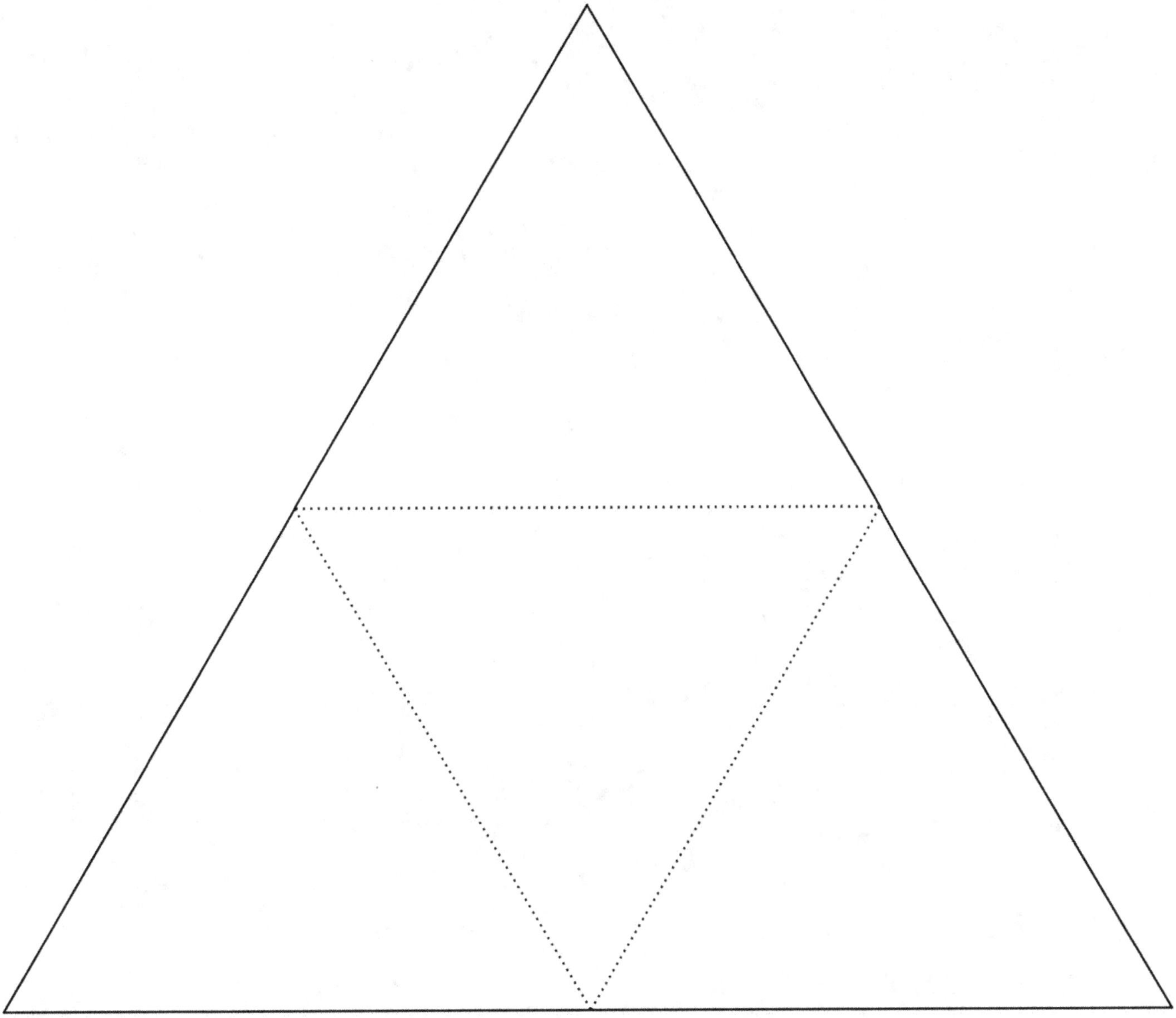

Hexaedro Tetrakis

1. Recorte ao longo das linhas contínuas.
2. Dobre nas linhas pontilhadas.
3. Use fita adesiva transparente para fixar.

Se quiser desenhar ou colorir a planificação, faça isso antes de colá-la com fita. Se quiser decorá-la colando enfeites, monte-a com fita primeiro.

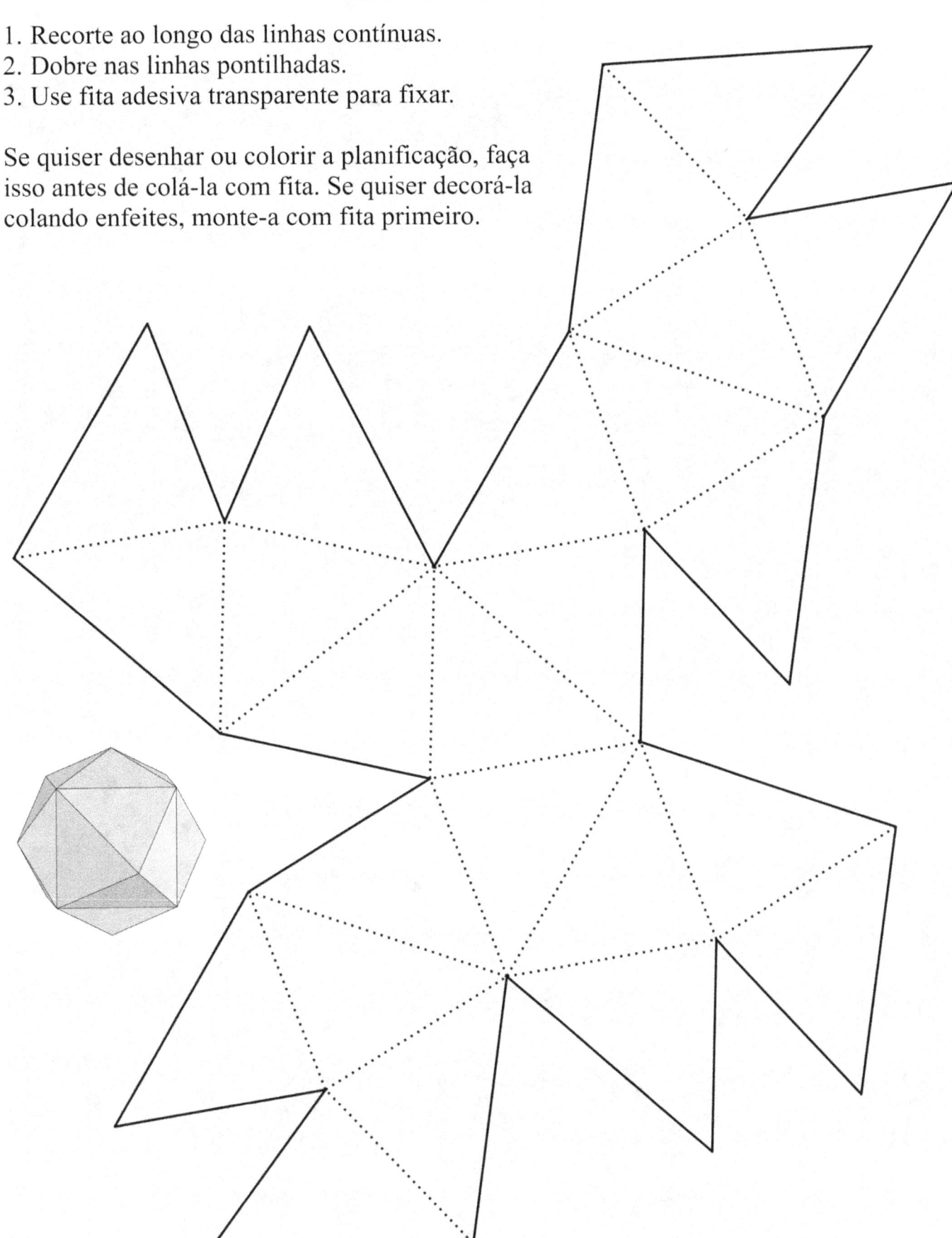

Planificações de poliedros - Livro de projetos por David E. McAdams

Octaedro Triakis

1. Recorte ao longo das linhas contínuas.
2. Dobre nas linhas pontilhadas.
3. Use fita adesiva transparente para fixar.

Se quiser desenhar ou colorir a planificação, faça isso antes de colá-la com fita. Se quiser decorá-la colando enfeites, monte-a com fita primeiro.

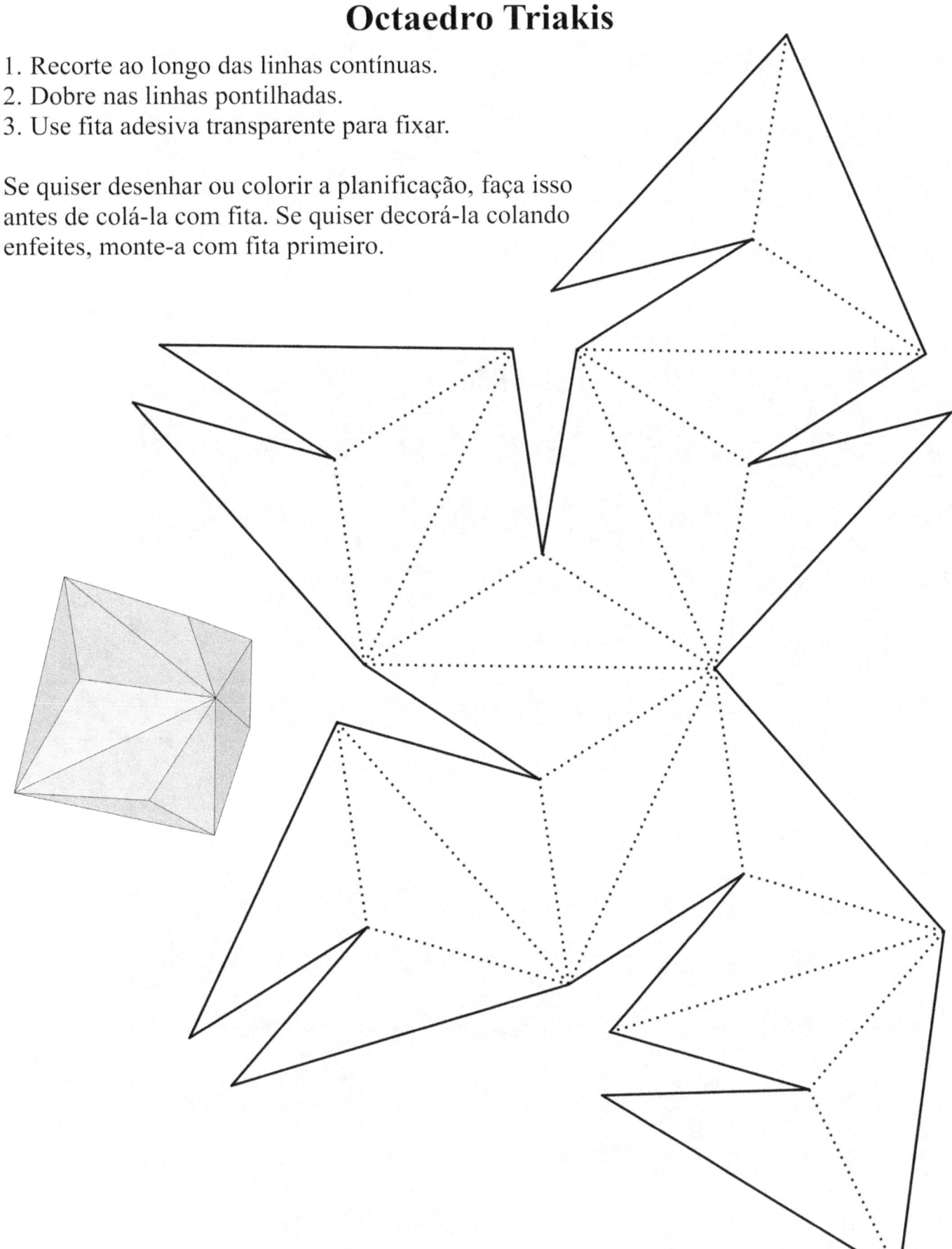

Tetraedro Triakis

1. Recorte ao longo das linhas contínuas.
2. Dobre nas linhas pontilhadas.
3. Use fita adesiva transparente para fixar.

Se quiser desenhar ou colorir a planificação, faça isso antes de colá-la com fita. Se quiser decorá-la colando enfeites, monte-a com fita primeiro.

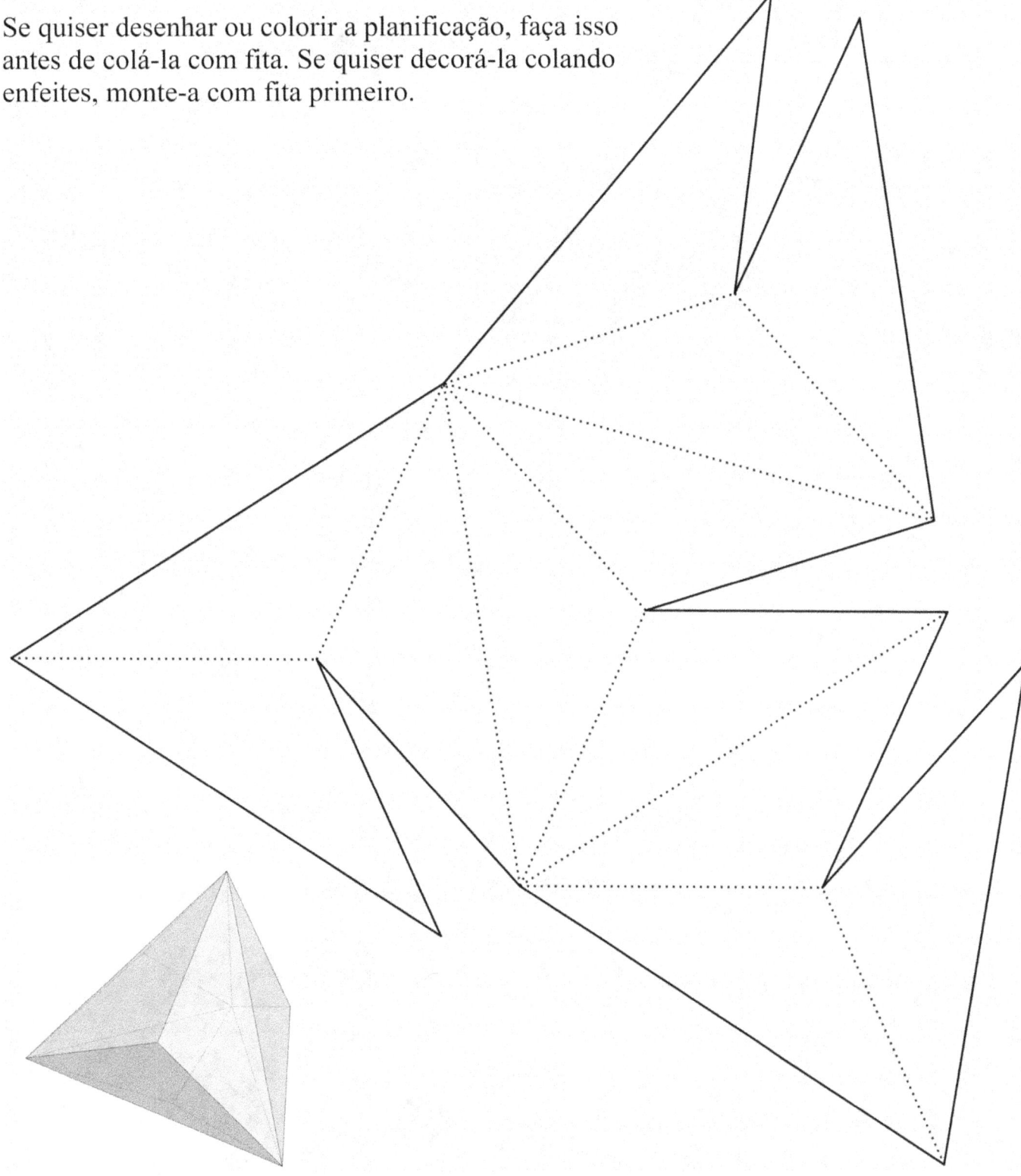

Cúpula Triangular

1. Recorte ao longo das linhas contínuas.
2. Dobre nas linhas pontilhadas.
3. Use fita adesiva transparente para fixar.

Se quiser desenhar ou colorir a planificação, faça isso antes de colá-la com fita. Se quiser decorá-la colando enfeites, monte-a com fita primeiro.

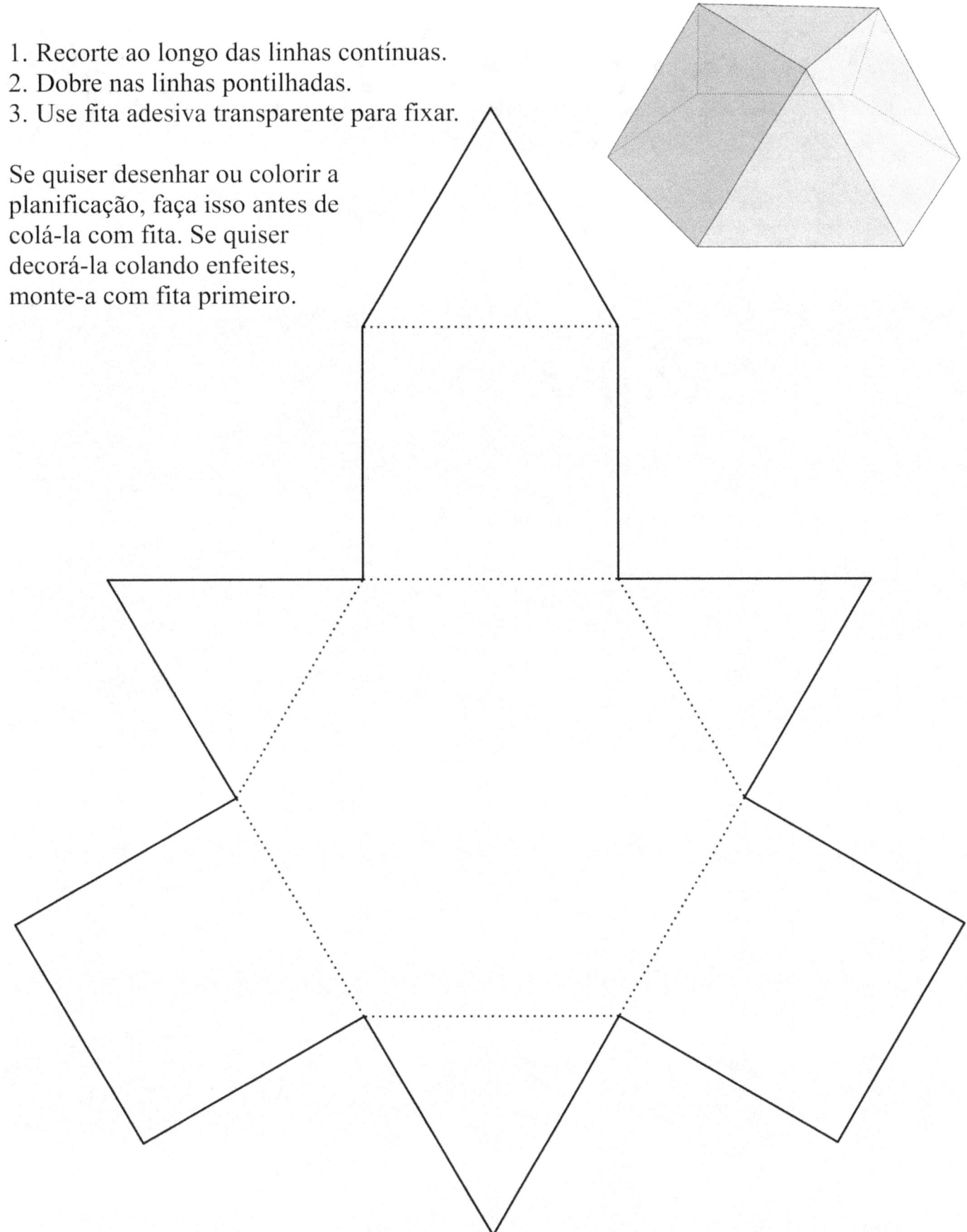

Bipirâmide Triangular

1. Recorte ao longo das linhas contínuas.
2. Dobre nas linhas pontilhadas.
3. Use fita adesiva transparente para fixar.

Se quiser desenhar ou colorir a planificação, faça isso antes de colá-la com fita. Se quiser decorá-la colando enfeites, monte-a com fita primeiro.

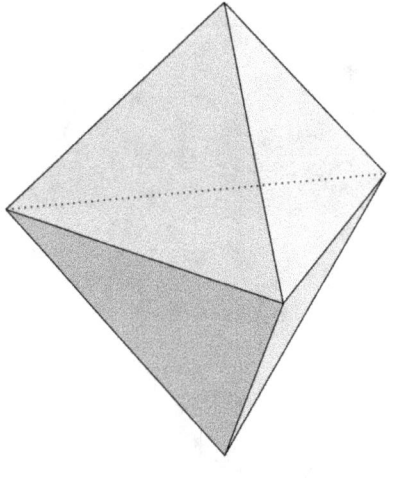

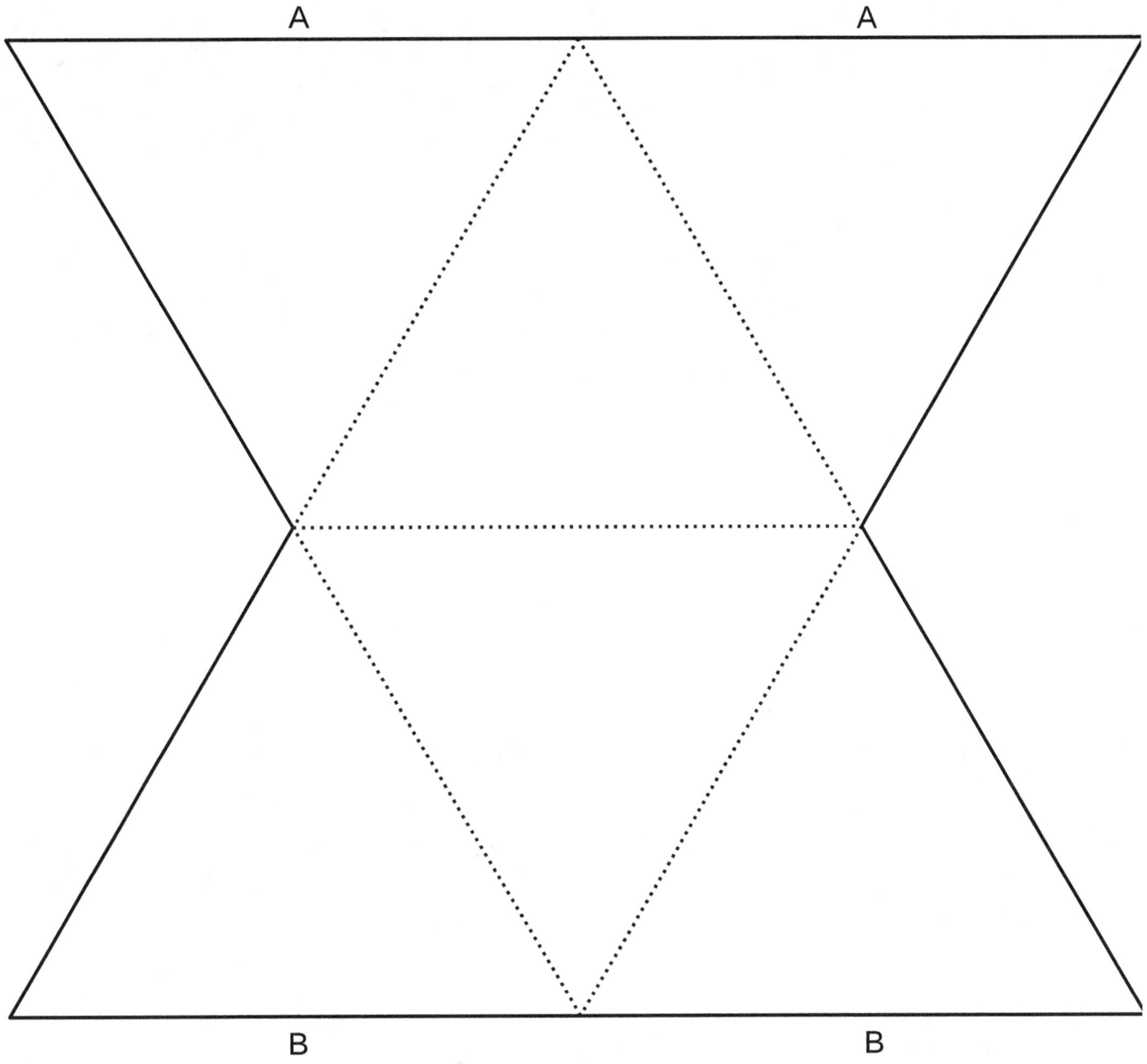

A   A

B   B

Pentaedro Triangular

1. Recorte ao longo das linhas contínuas.
2. Dobre nas linhas pontilhadas.
3. Use fita adesiva transparente para fixar.

Se quiser desenhar ou colorir a planificação, faça isso antes de colá-la com fita. Se quiser decorá-la colando enfeites, monte-a com fita primeiro.

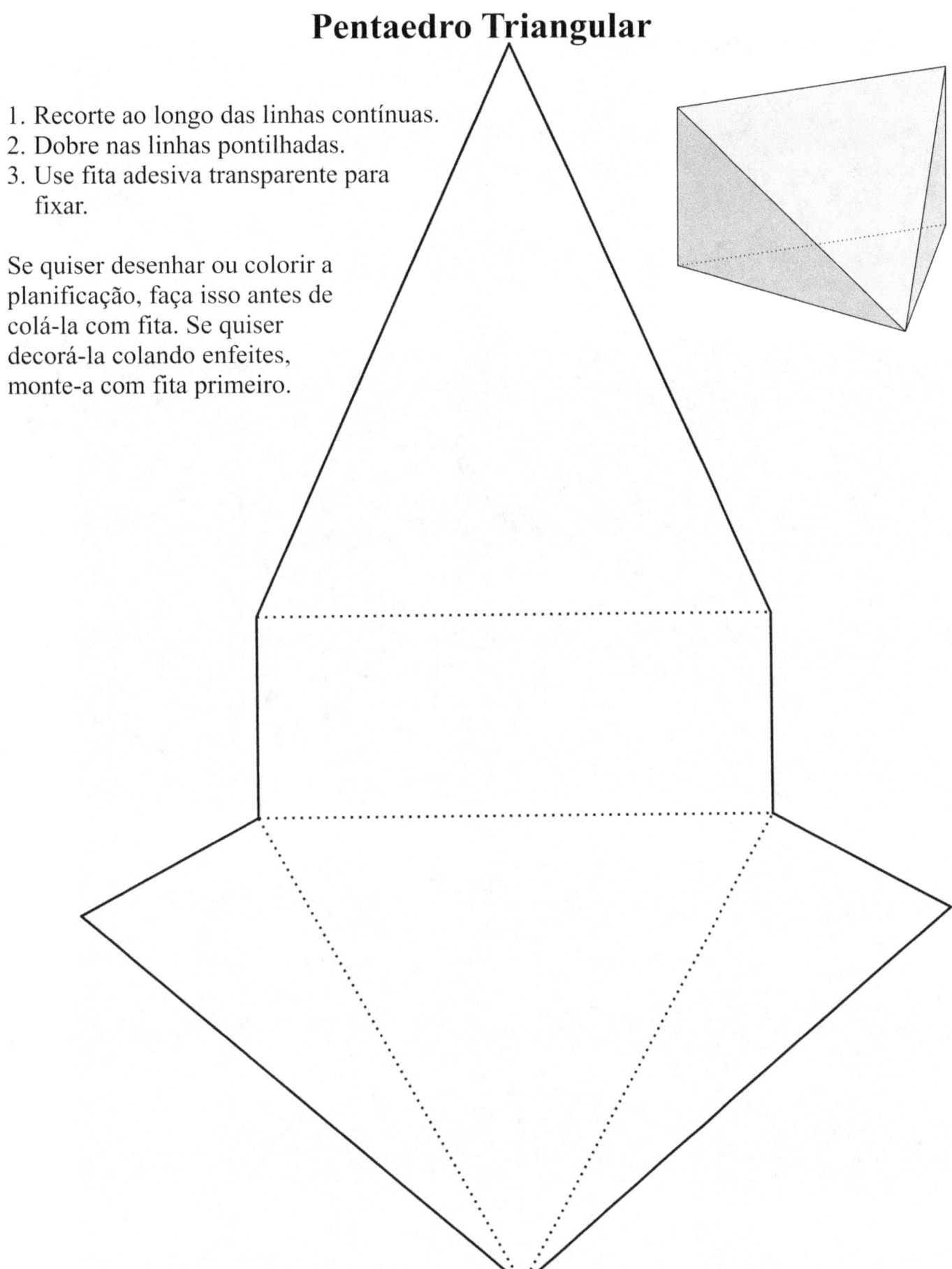

Prisma Triangular

1. Recorte ao longo das linhas contínuas.
2. Dobre nas linhas pontilhadas.
3. Use fita adesiva transparente para fixar.

Se quiser desenhar ou colorir a planificação, faça isso antes de colá-la com fita. Se quiser decorá-la colando enfeites, monte-a com fita primeiro.

Planificações de poliedros - Livro de projetos por David E. McAdams

Direitos autorais 2025. Pode ser copiado apenas para uso educacional incidental e não comercial.

Pirâmide Triangular Oblíqua

1. Recorte ao longo das linhas contínuas.
2. Dobre nas linhas pontilhadas.
3. Use fita adesiva transparente para fixar.

Se quiser desenhar ou colorir a planificação, faça isso antes de colá-la com fita. Se quiser decorá-la colando enfeites, monte-a com fita primeiro.

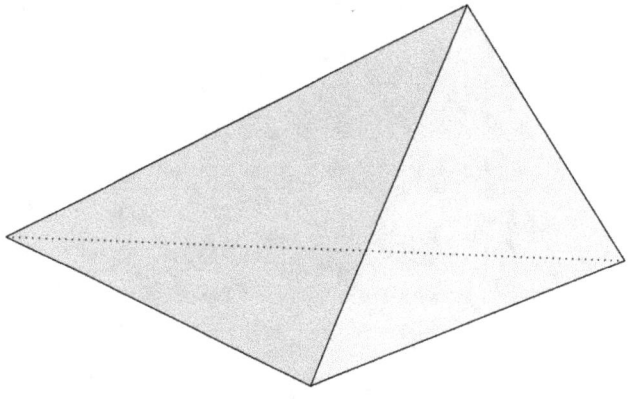

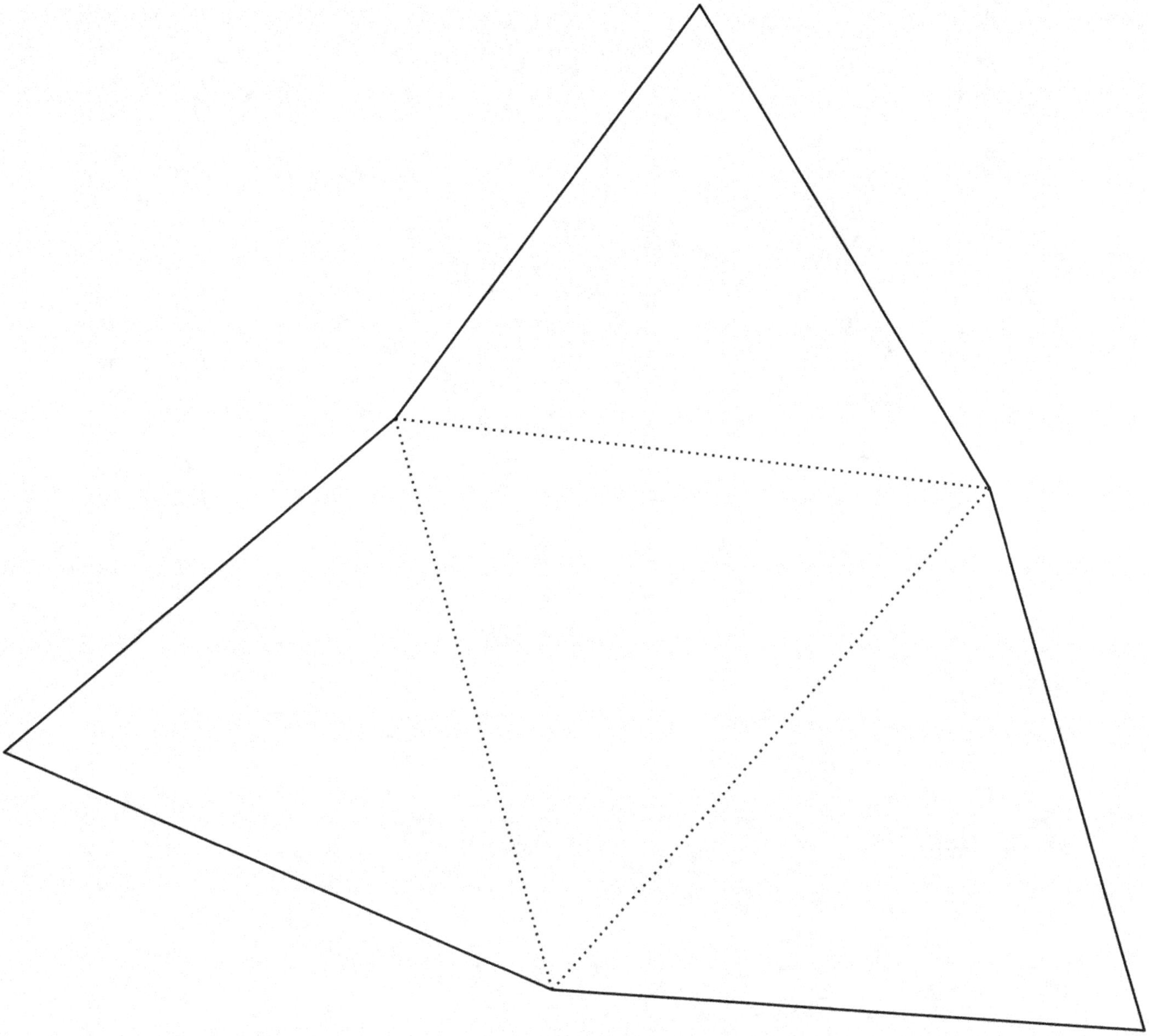

Cubo Truncado

1. Recorte ao longo das linhas contínuas.
2. Dobre nas linhas pontilhadas.
3. Use fita adesiva transparente para fixar.

Se quiser desenhar ou colorir a planificação, faça isso antes de colá-la com fita. Se quiser decorá-la colando enfeites, monte-a com fita primeiro.

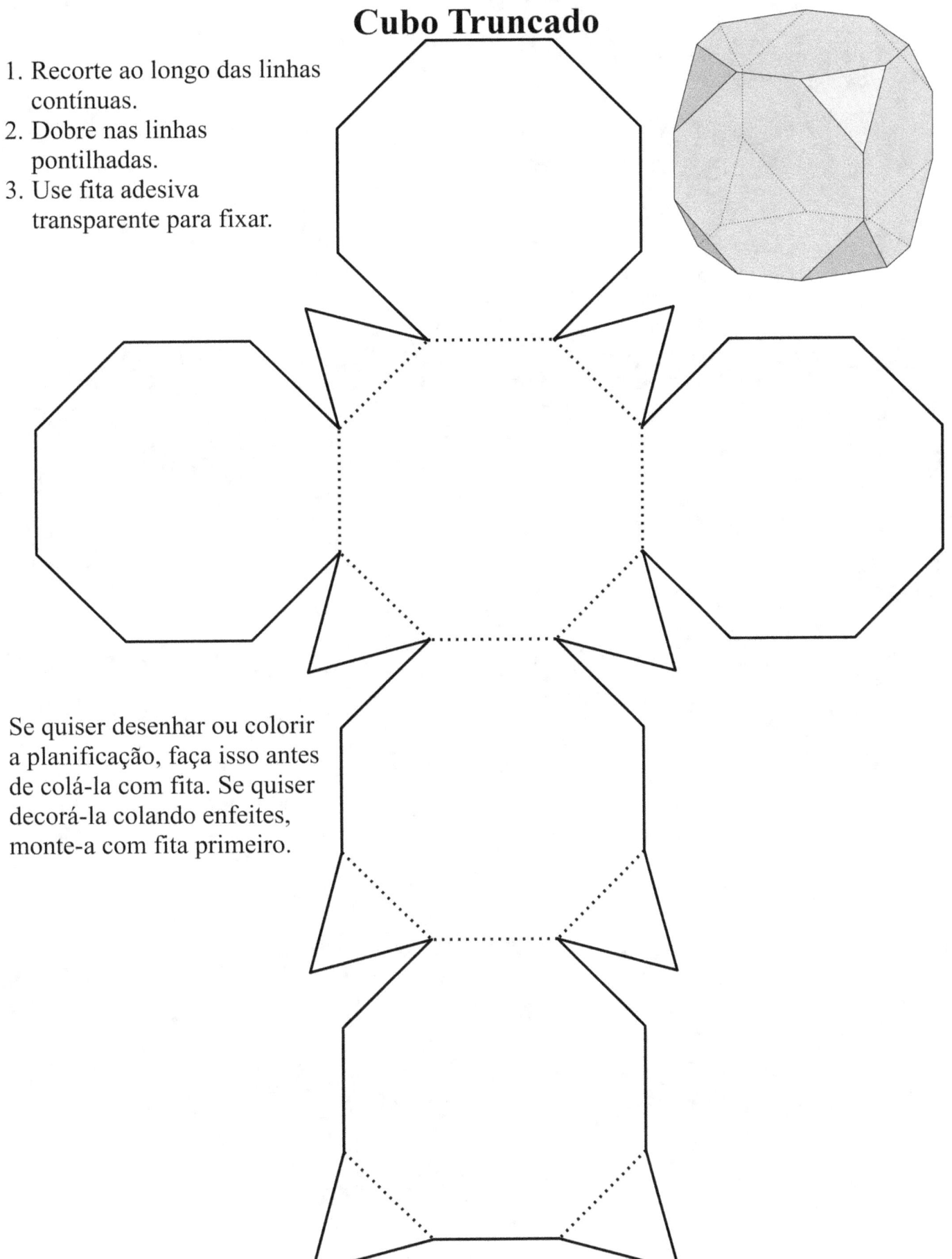

Cuboctaedro Truncado

1. Recorte ao longo das linhas contínuas.
2. Dobre nas linhas pontilhadas.
3. Use fita adesiva transparente para fixar.

Se quiser desenhar ou colorir a planificação, faça isso antes de colá-la com fita. Se quiser decorá-la colando enfeites, monte-a com fita primeiro.

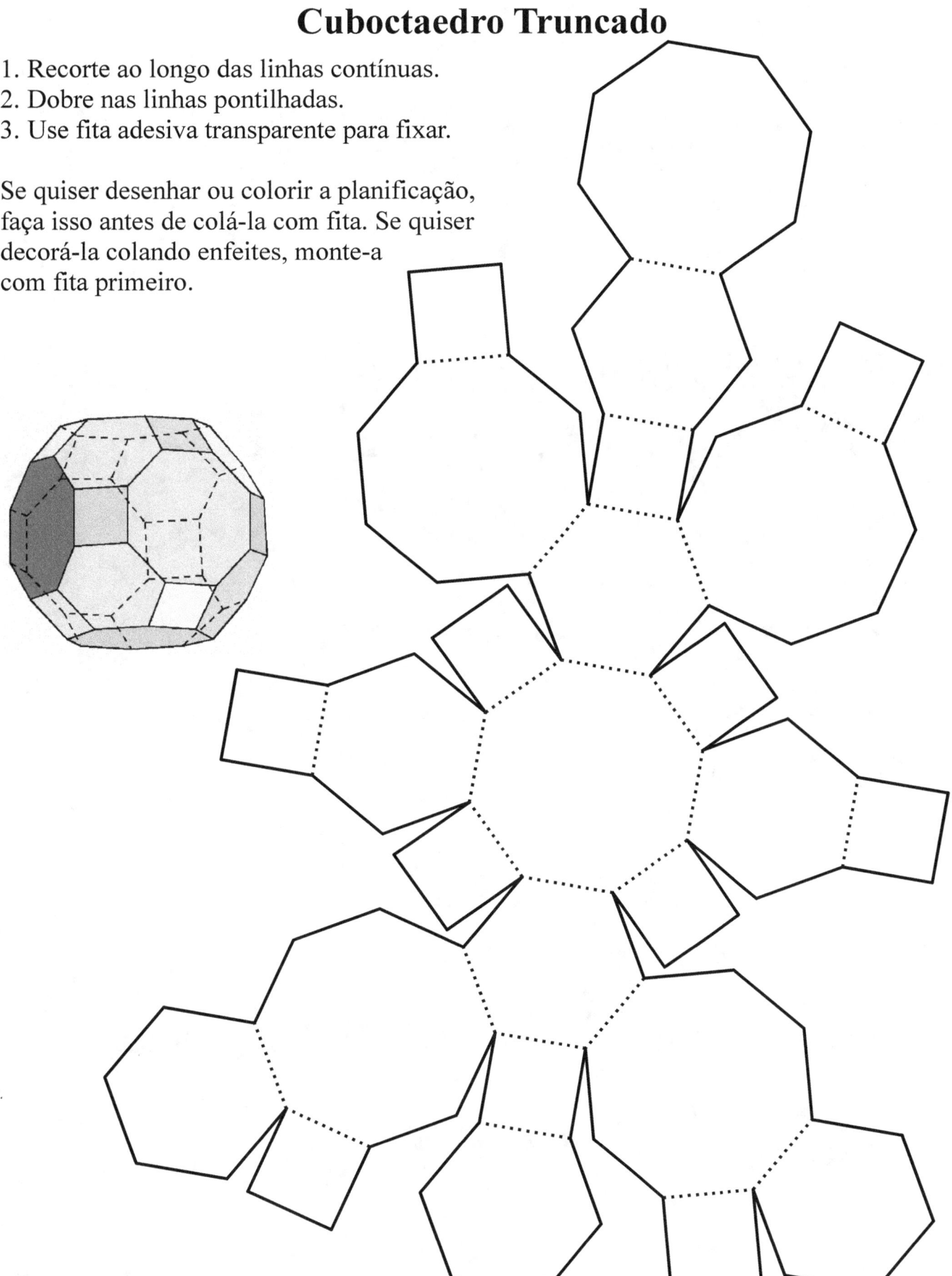

Planificações de poliedros - Livro de projetos por David E. McAdams
Direitos autorais 2025. Pode ser copiado apenas para uso educacional incidental e não comercial.

Dodecaedro Truncado

1. Esta é uma planificação de poliedro em duas partes. Metade está nesta página e a outra metade na próxima.
2. Recorte ambas as partes ao longo das linhas contínuas.
3. Una as duas partes com fita adesiva no local marcado com a letra 'Q'.
4. Dobre nas linhas pontilhadas.
5. Use fita adesiva transparente para fixar.

Q

Se quiser desenhar ou colorir a planificação, faça isso antes de colá-la com fita. Se quiser decorá-la colando enfeites, monte-a com fita primeiro.

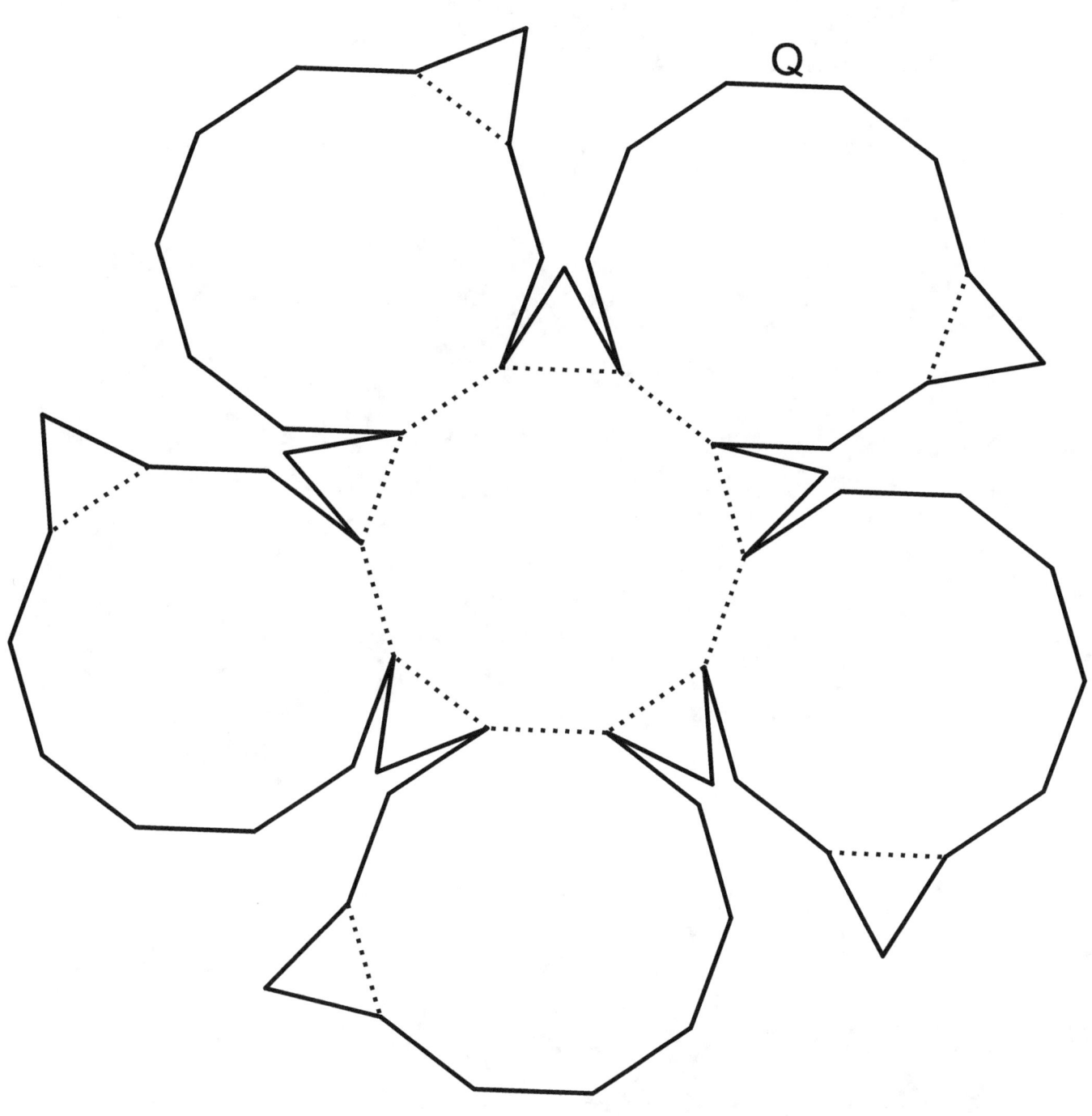

Icosaedro Truncado

1. Esta é uma planificação de poliedro com cinco partes distribuídas em três páginas.
2. Recorte todas as partes ao longo das linhas contínuas.
3. Una as duas partes no ponto marcado com a letra 'B' usando fita adesiva.
4. Dobre ao longo das linhas pontilhadas.
5. Use fita adesiva transparente para fixar.
6.

Se quiser desenhar ou colorir a planificação de poliedro, faça isso antes de colar. Se quiser decorá-la colando enfeites, monte-a com fita primeiro.

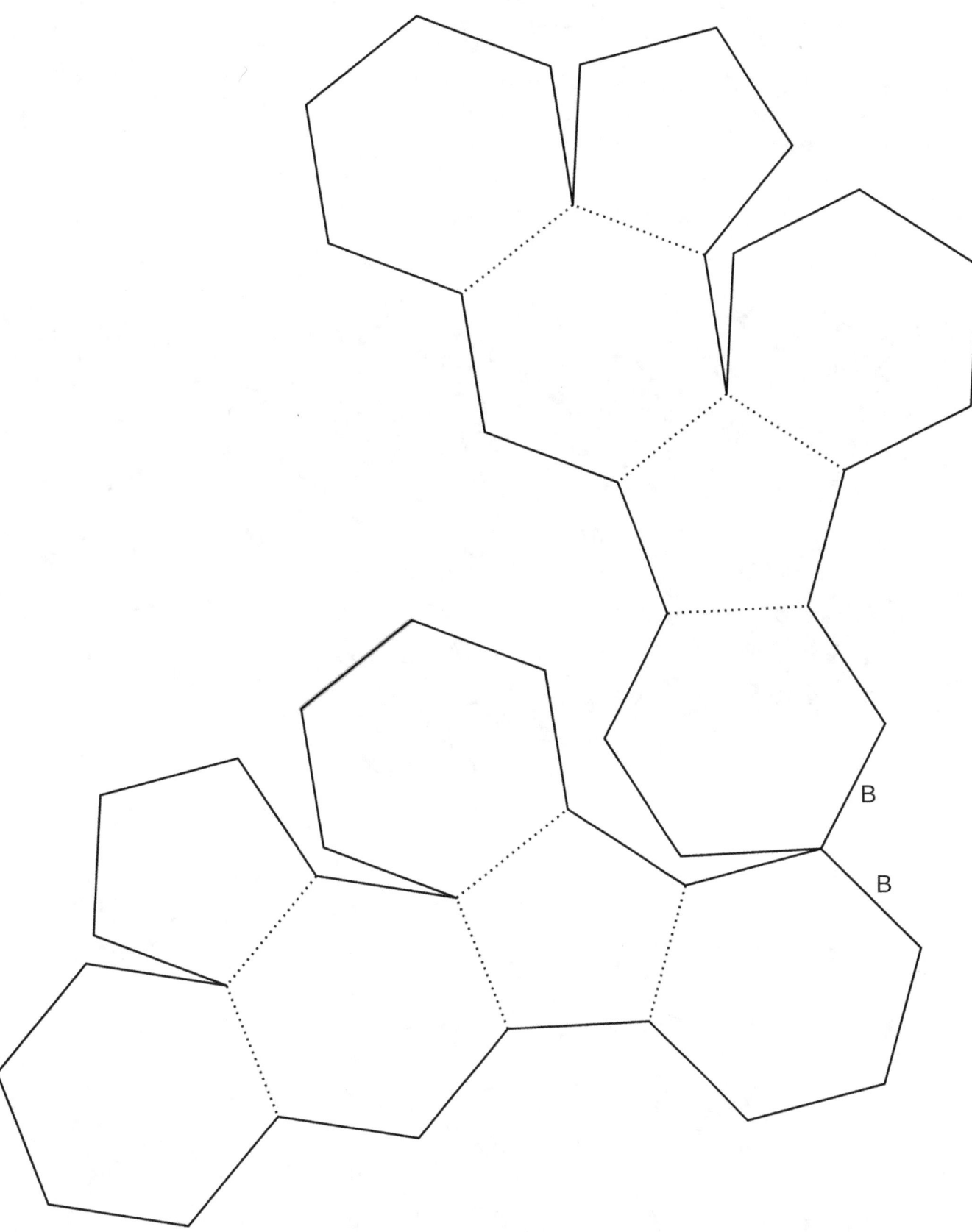

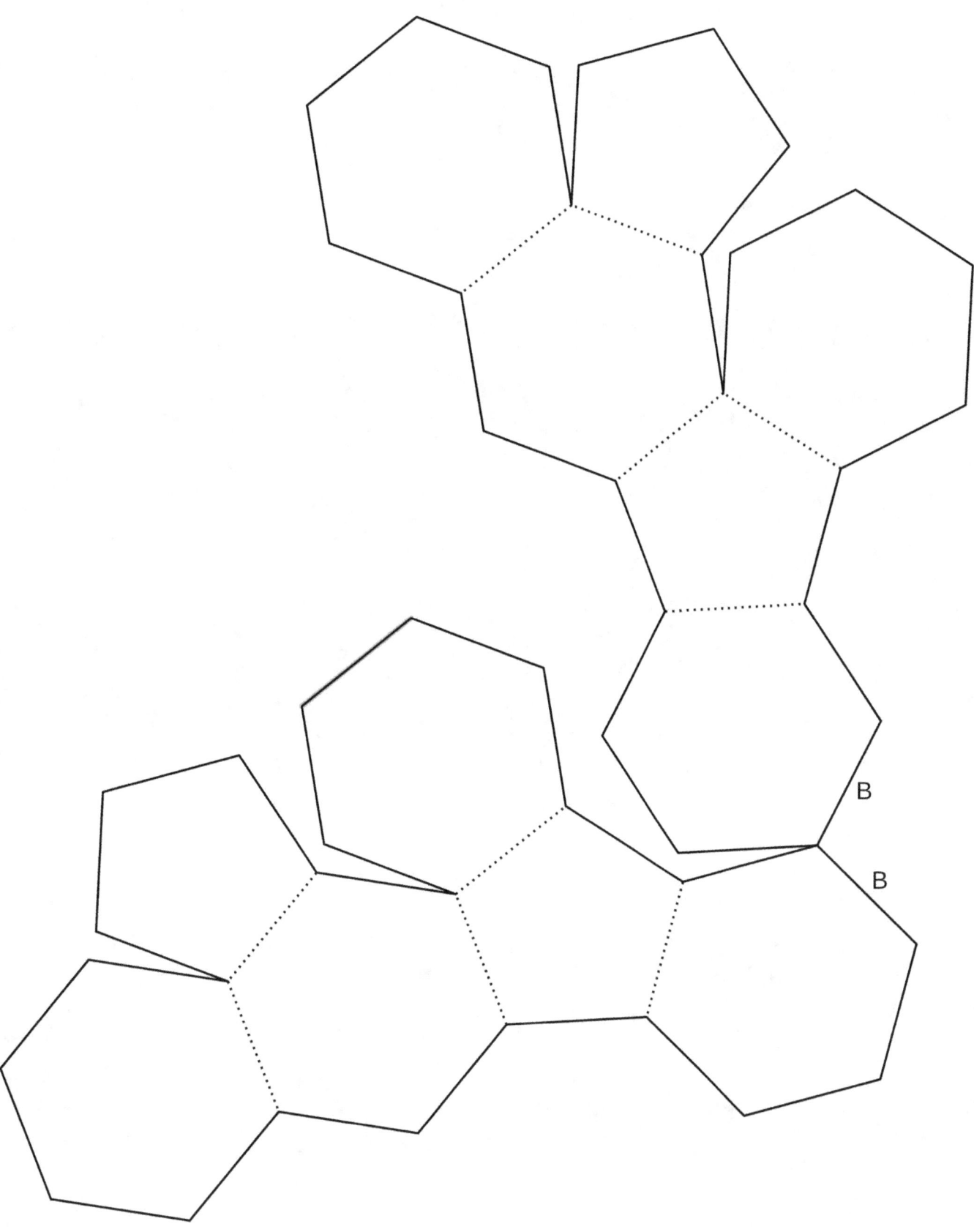

Icosidodecaedro Truncado

1. Esta é uma planificação de poliedro com cinco partes distribuídas em três páginas.
2. Recorte todas as partes ao longo das linhas contínuas.
3. Una as duas partes no ponto marcado com a letra 'A' usando fita adesiva.
4. Dobre ao longo das linhas pontilhadas.
5. Use fita adesiva transparente para fixar.
6.
Se quiser desenhar ou colorir a planificação de poliedro, faça isso antes de colar. Se quiser decorá-la colando enfeites, monte-a com fita primeiro.

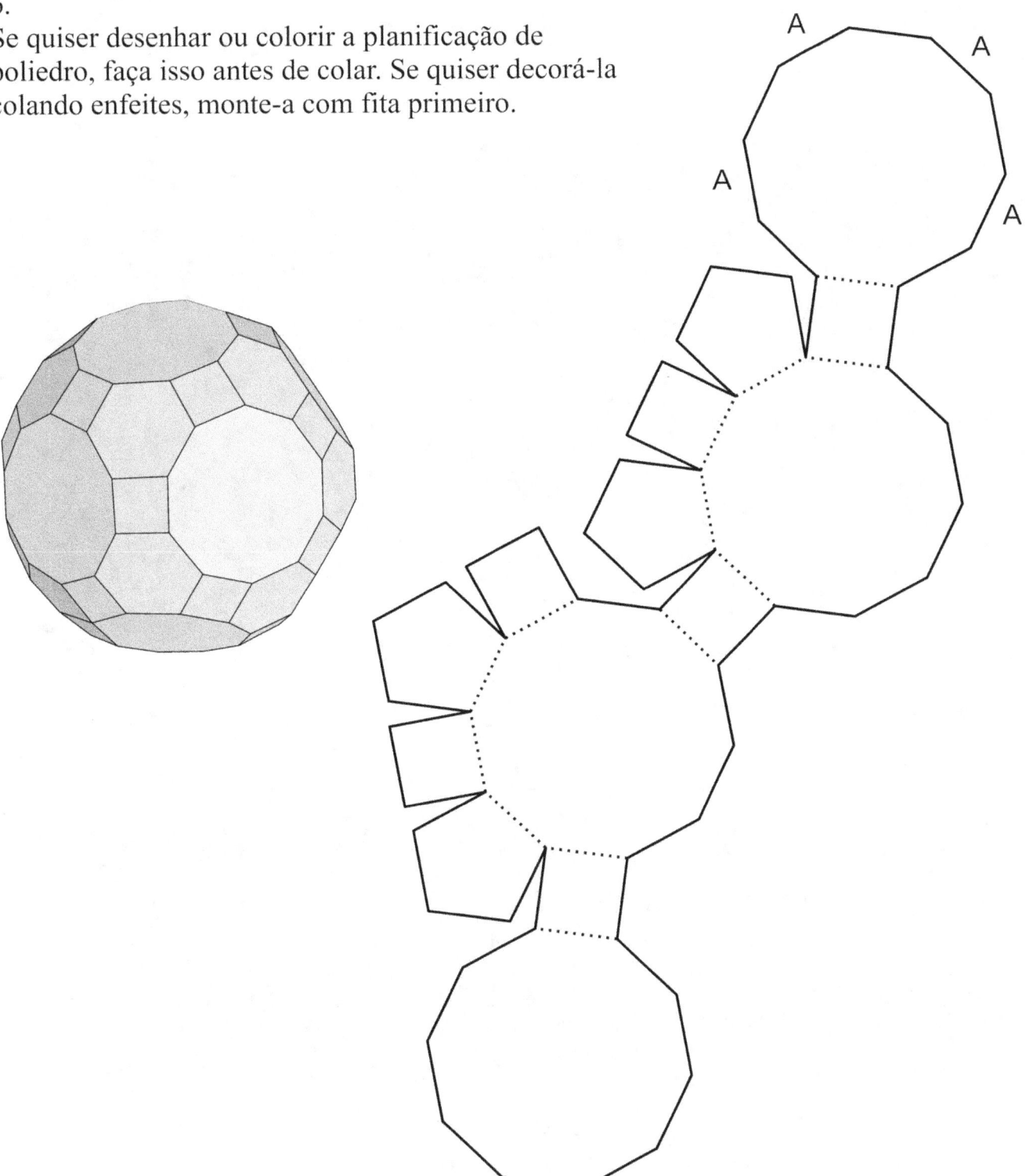

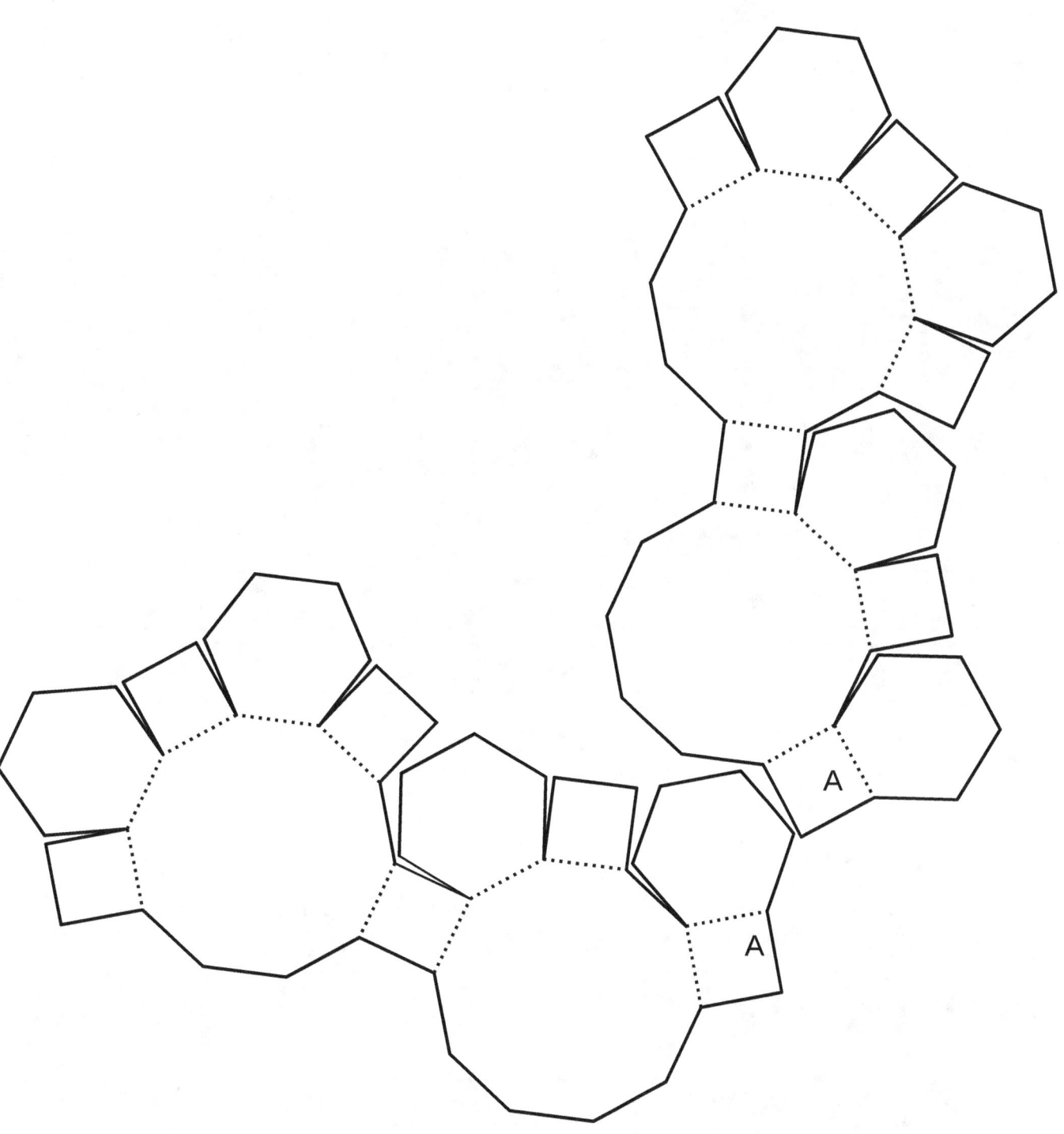

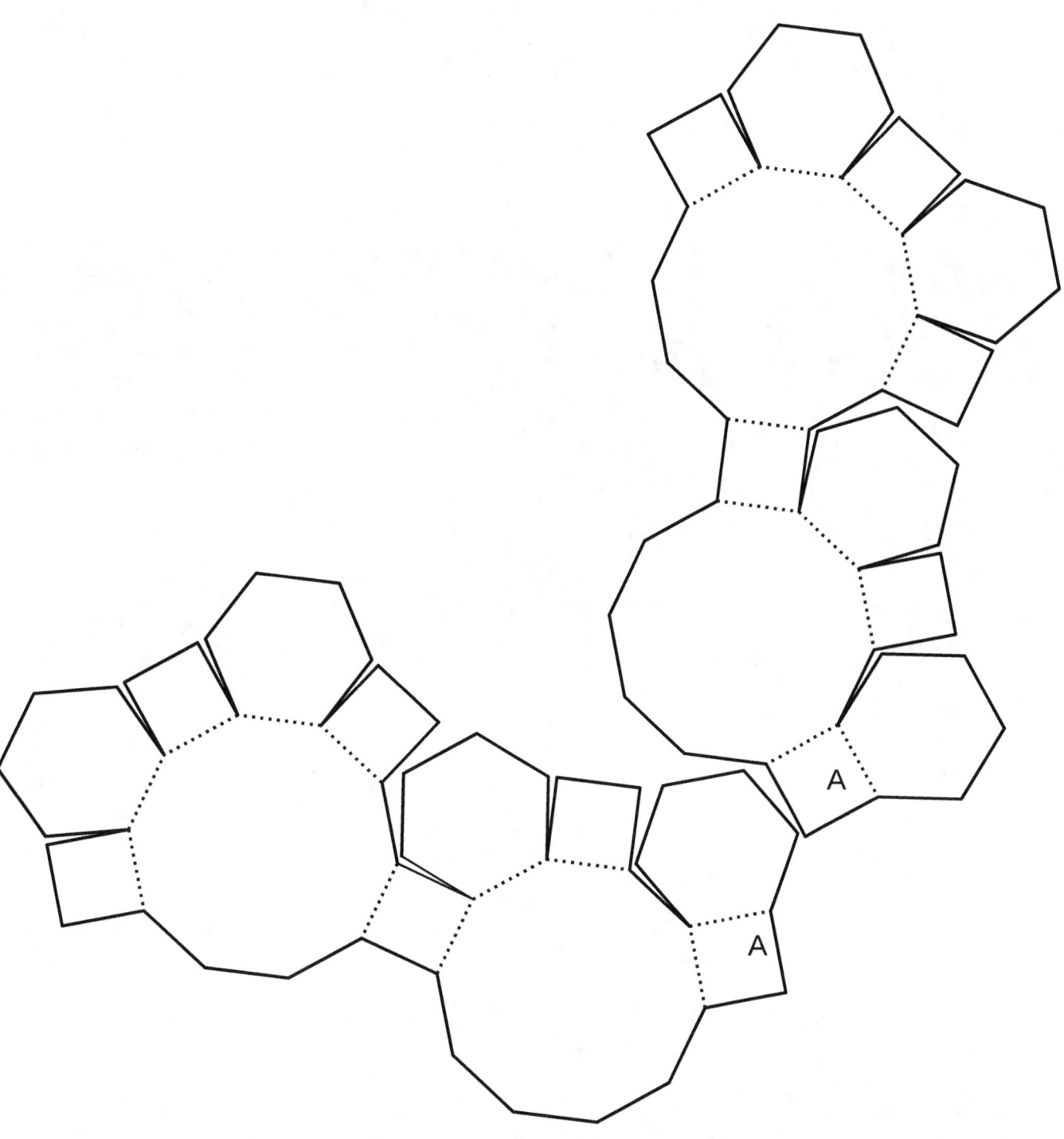

Octaedro Truncado

1. Recorte ao longo das linhas contínuas.
2. Dobre nas linhas pontilhadas.
3. Use fita adesiva transparente para fixar.

Se quiser desenhar ou colorir a planificação, faça isso antes de colá-la com fita. Se quiser decorá-la colando enfeites, monte-a com fita primeiro.

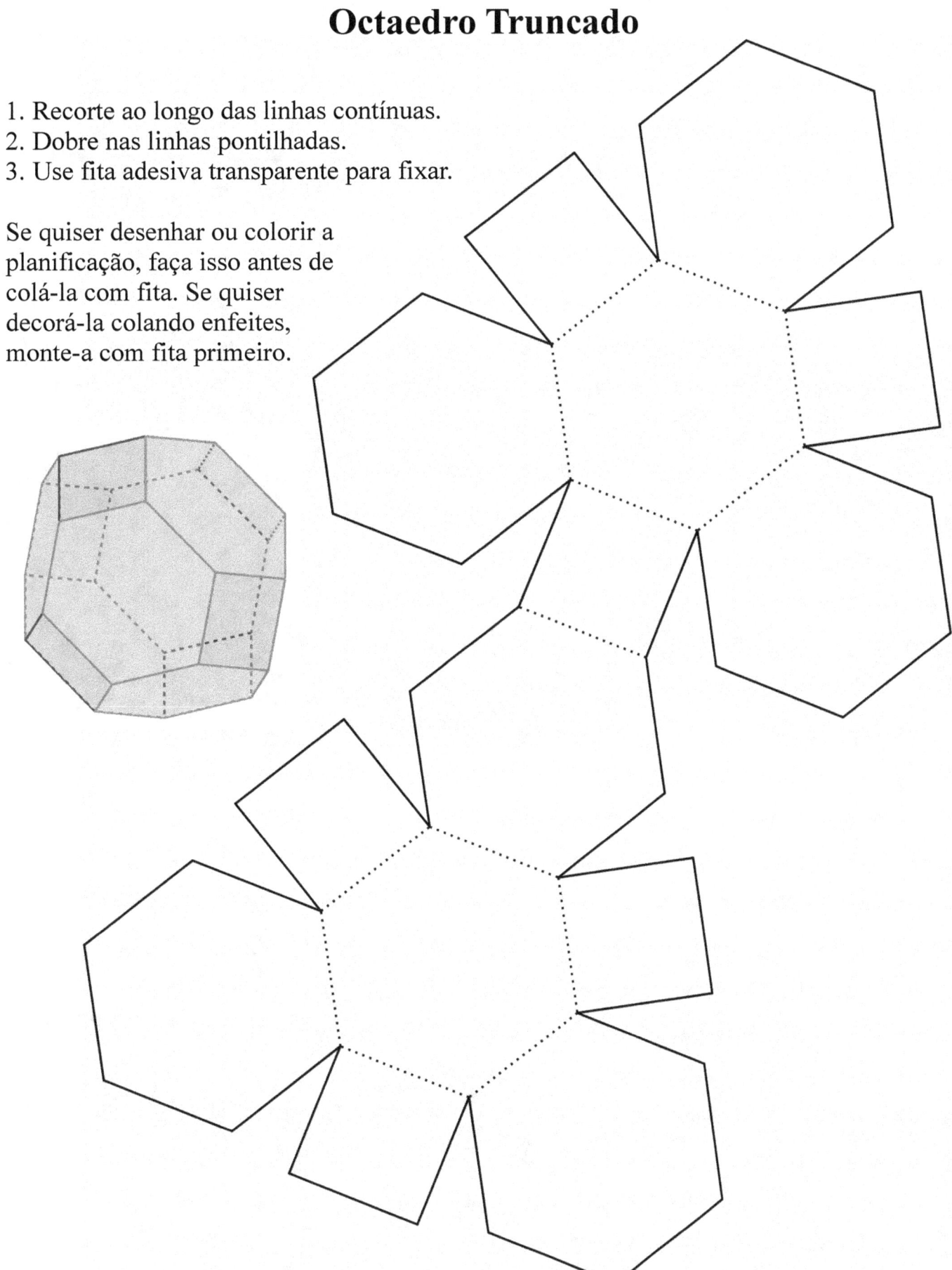

Tetraedro Truncado

1. Recorte ao longo das linhas contínuas.
2. Dobre nas linhas pontilhadas.
3. Use fita adesiva transparente para fixar.

Se quiser desenhar ou colorir a planificação, faça isso antes de colá-la com fita. Se quiser decorá-la colando enfeites, monte-a com fita primeiro.

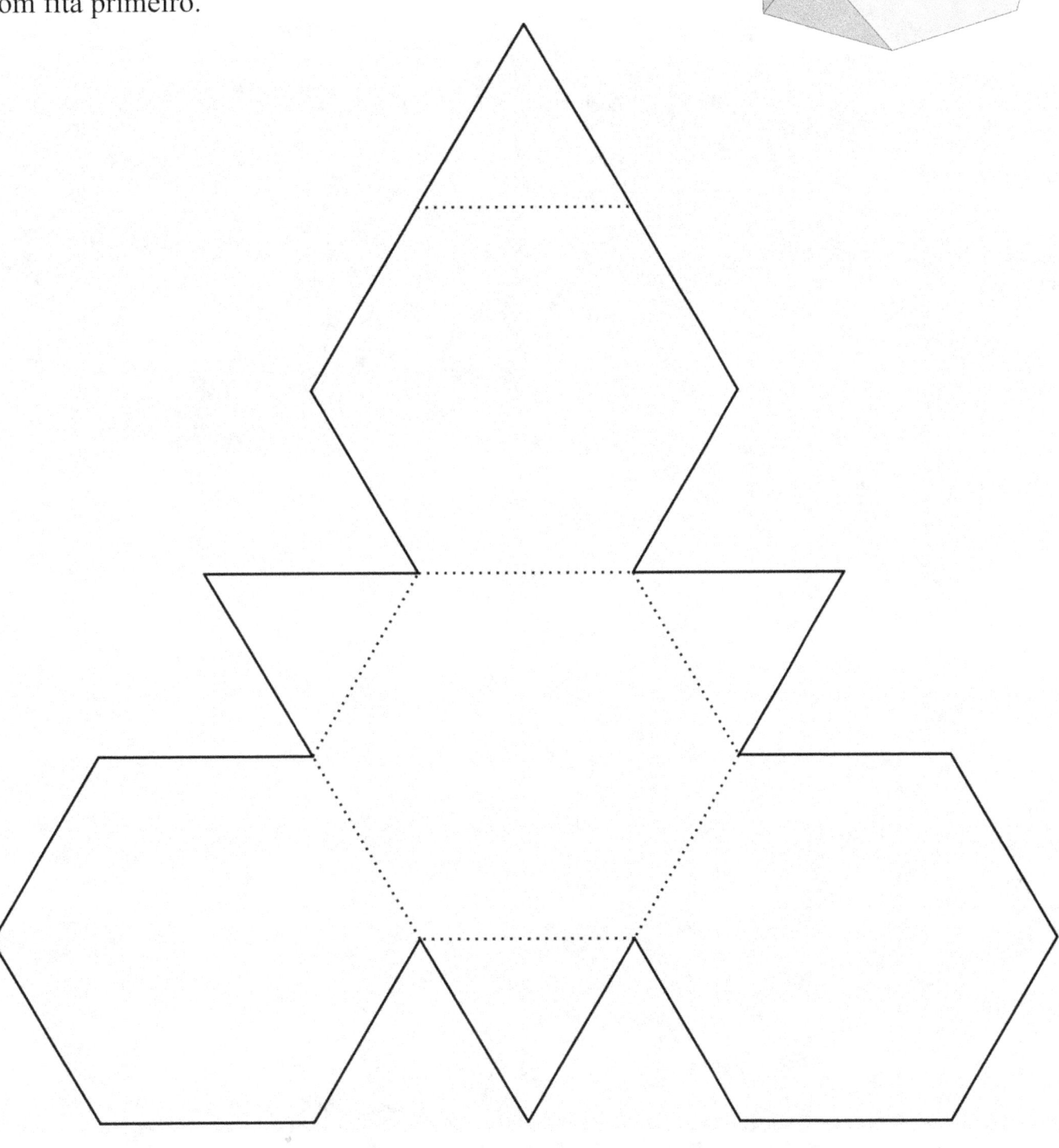

Pirâmide Estrela Pentagonal Reta

1. Recorte ao longo das linhas contínuas.
2. Dobre nas linhas pontilhadas.
3. Use fita adesiva transparente para fixar.

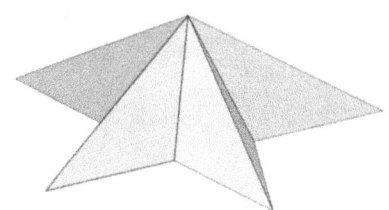

Se quiser desenhar ou colorir a planificação, faça isso antes de colá-la com fita. Se quiser decorá-la colando enfeites, monte-a com fita primeiro.

Trapezoedro Quadrado Truncado

1. Recorte ao longo das linhas contínuas.
2. Dobre nas linhas pontilhadas.
3. Use fita adesiva transparente para fixar.

Se quiser desenhar ou colorir a planificação, faça isso antes de colá-la com fita. Se quiser decorá-la colando enfeites, monte-a com fita primeiro.

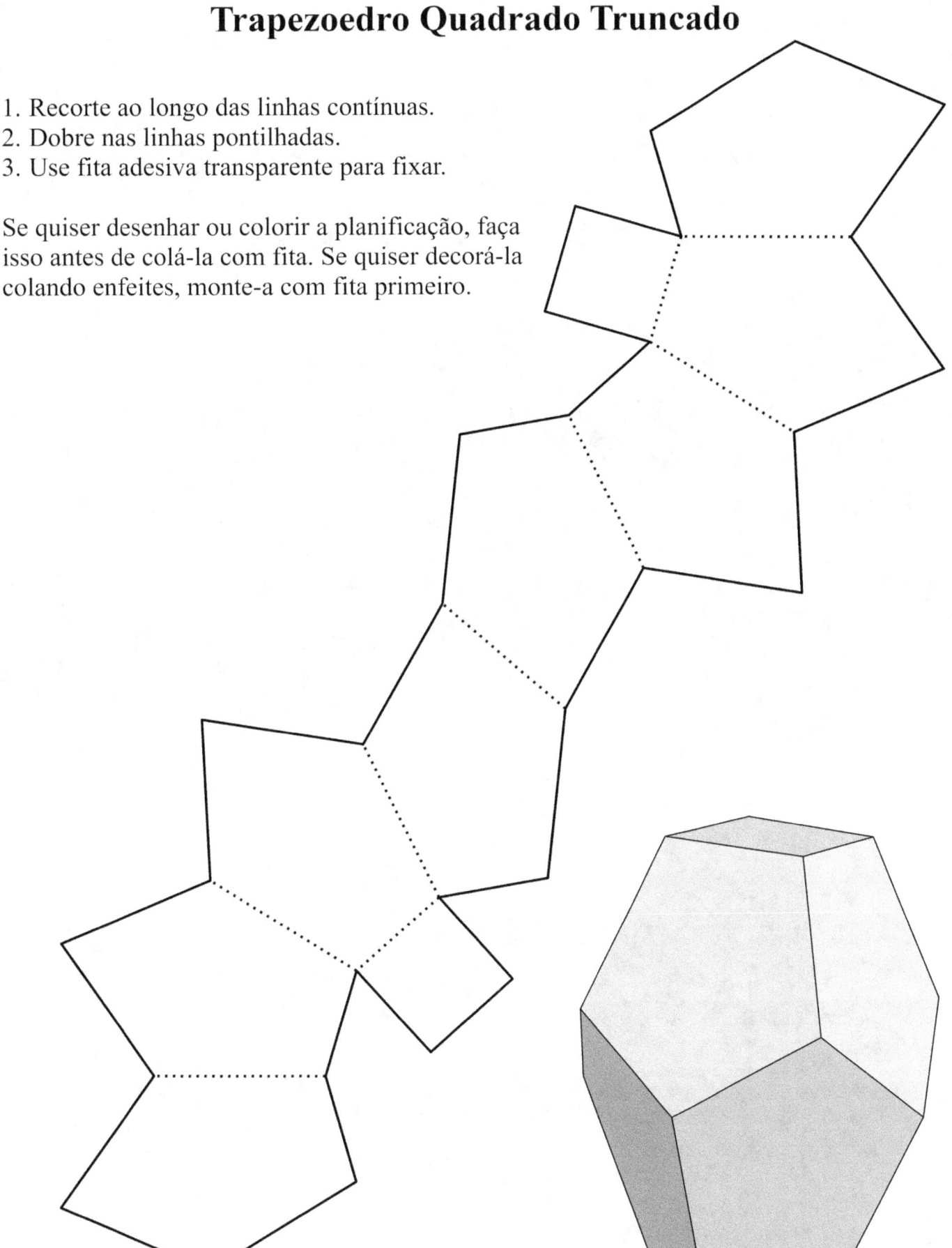

Planificações de poliedros - Livro de projetos por David E. McAdams

www.ingramcontent.com/pod-product-compliance
Lightning Source LLC
Chambersburg PA
CBHW081445070526
44586CB00019B/2241